공자,
사람답게 사는
인의 세상을 열다

공자,

孔子 Confucius

사람답게 사는 인의 세상을 열다

오승주 지음

글라이더

공자, 세상을 사랑한 군자

중국 산동성山東省 서남쪽에 있는 작은 나라에서 짱구머리 아기가 태어납니다. 아버지가 간절히 바라던 멀쩡한 아들이었지만 많은 사람들에게 환영 받지 못했음이 분명합니다. 어머니가 세 번째 부인이었으니까요. 아이에게는 배다른 누나 아홉 명과 형이 한 명 있었습니다. 만약 형의 몸이 성했더라면 굳이 태어나지 않을 아이였습니다. 60대 노인이 손녀뻘 되는 아내와 동네 뒷산이었던 니구산尼丘山에 올라 촛불 켜놓고 '니구산의 신'께 기도해서 어렵게 얻은 아들이 바로 그 사람, 공자孔子입니다. 중국이나 조선의 남자는 이름을 함부로 부르기를 꺼려해 자字라는 이름을 하나 더 지었는데, 공자의 자는 '중니仲尼'입니다. '중'은 형제 중에서 둘째라는 뜻이고, '니'는 부모님이 기도를 드렸던 '니구산'에서 딴 것입니다. 공자의 이름은 짱구머리가 언덕처럼 생긴 데다 '니구산'의 가운데 글자를 따서 '구丘'라고 지었습니다. 하지만 산은 그때부터 성인의 이름을 피해 '니산'으로 강제 개명해야 했습니다.

　아버지 추숙흘(郰叔紇, 숙량흘叔梁紇이라고도 부름)은 추라는 마을의 지도자로서 조선 시대의 벼슬 이름을 빌리자면 현감縣監 정도의 하급 공무원이었습니다. 숙흘이 공자 어머니 안징재顏徵在와 결혼했을 때의 나이가 66세였으며 당시 아내는 15세였습니다. 51년이나 되는 비정상적인 나이 차이 때문에 역사가 사마천은 공자 부모님의 결혼이 '야합野合'이었다고 기록할 정도였습니다. '야합'이란 부부가 아닌 남녀가 서로 정을 통하거나 정상적인 중매 절차를 거치지 않고 졸속으로 혼인을 할 때 쓰는 낱말입니다. 기록에 보면 추숙흘이 안징재의 아버지에게 정식으로 청혼하고 혼인을 맺었다고 나와 있지만 비정상적인 나이 차가 논란이 될 수밖에 없었습니다.

　사랑에는 국경도 없다는데 나이 차가 대수가 될 수 있나요? 하지만 혼인을 맺은 지 몇 년이 지나자 커다란 나이 차이가 현실적인 문제로 다가옵니다. 아기가 태어나 걸음마를 겨우 떼고 부모의 품을 누려야 할 때 아버지가 세상을 떠난 것입니다. 이때 아기의 나이는 3세, 어머니는 18세를 겨우 넘겼습니다.
　아버지가 돌아가시고 나서 모든 후원이 끊겼고 공씨 집안의 도움도 바랄 수 없었습니다. 공자 어머니는 어쩔 수 없이 친정집이 있는 안씨촌으로 이사 가서 닥치는 대로 일을 해야 했습니다. 공자도 어머니를 도와 자질구레한 일들을 했습니다. 재롱을 떨 나이에 일찍부터 아동노동을 했으니 참 딱한 사정입니다.

만약 우리가 공자와 같은 처지였다면 어땠을까요? 세상살이가 가혹하고 나의 편은 하나도 없다며 좌절하거나 세상에 대해서 복수를 다짐했을지도 모릅니다. 하지만 공자는 자신의 처지를 전혀 다른 방식으로 받아들였습니다. 얼마나 많은 사람들이 고통 속에서 비참하게 살고 있는지, 하루를 생활하려면 얼마나 많은 대가를 지불해야 하는지, 정치인과 공무원들은 얼마나 손쉽게 백성들의 재산을 빼앗아 가는지 생생히 지켜봤습니다. 단지 배경이 좋은 부모님을 만나지 못했을 뿐인데 너무나 불리한 조건으로 밀려나는 사람들을 보면서 가슴 아팠습니다. 공자는 고통받는 사람들에 대해서 자신이 큰 책임이 있다고 생각했습니다. 공부를 열심히 해서 학문을 이루고 몇몇 제자들과 함께 사설 학원을 세웠습니다.

공자는 이른바 '흙수저'든 '금수저'든 차별하지 않았습니다. 그래서 공자의 제자들 중에는 귀족보다 평민이 많습니다. 실제로 공자의 제자 중에는 교육 기회를 받기 어려웠던 농민 출신도 있었고 상인 출신도 있었으며, 심지어 교육을 받았다고 하더라도 학력을 인정받을 수 없었던 신분도 있었습니다. 신분제가 엄격했던 당시 분위

공자, 사람답게 사는 인의 세상을 열다

기에서 공자는 전 국민에게 평등하게 교육의 기회가 부여되는 '국민 보통 교육'을 실현한 셈이었습니다. 이들이 '공자 세대'를 형성합니다. 한 외국 연구자는 공자의 주요한 제자들을 가리켜 "도道의 기사단"이라고 불렀는데, 참 절묘한 표현입니다. 공자는 제자들을 '군자君子'로 키웠고, 공자가 길러 낸 군자들은 스승이 못 이룬 꿈을 현실로 만들어 냅니다.

'군자'는 당시에 임금의 아들 또는 귀족의 자제를 뜻하는 말이었지만 실력과 인성을 갖춘 인재를 뜻하는 말로 다듬어서 썼습니다. 공자는 사람이 살 만한 세상으로 바꿔 보고 싶었습니다. 착실하게 공부하여 학자로서 명성을 쌓았고, 하급 관리의 임무를 충실히 해서 상사의 인정을 받으면서 정계 진출의 기회도 얻었습니다. 하지만 공자가 쌓은 정치적 성과는 거의 없다시피 했습니다. 국내외의 귀족들에게 공자는 썩 반가운 존재가 아니었기 때문입니다. 공자의 모국인 노魯나라 정치인들과 노나라 주변 각국의 정치인들은 공자의 학문적 명성 때문에 예의를 갖추는 척했으나 끊임없이 감시하고 견제했습니다. 공자는 자신의 능력을 알아보고 정치적 기회를 줄 수 있는 사람을 찾아 20년 가까운 세월을 떠돌아다녔지만 얻은 것 없이 돌아와서 외롭게 말년을 맞이했습니다.

그렇다면 현실적으로 내세울 만한 업적이 없는 공자가 평생 고

생한 결과 얻은 것은 무엇일까요? 공자는 농부처럼 세상에 많은 씨앗을 뿌려 놓았고 씨앗들은 열매가 되어 중국의 정치, 사회, 문화를 살찌웠습니다. 공자는 금수저를 물고 태어난 사람이라고 하더라도 백성을 위한 다스림의 원칙이나 정책을 연구하지 않으면 정치를 할수 없는 분위기를 만들었습니다. 중국의 귀족 정치는 공자에 의해서 사라지게 되고 합리적인 정치인들이 그 자리를 채웠습니다. 그리고 공부를 하지 않으면 정치 무대에서 명함조차 내밀지 못하는 분위기를 만들었습니다.

공자 이후로 중국의 똑똑한 사람들은 대부분 백성의 고통을 생각하면서 이 문제를 해결하기 위해 '열공'을 마다하지 않았습니다. 인류역사상 이렇게 공부를 열심히 한 시대도 거의 없을 겁니다. 이 시대를 '제자백가諸子百家의 시대'라고 합니다.

공자가 만든 가장 큰 전통은 한마디로 '사람답게 살자'입니다. 부모님 앞에서는 효성스러운 자녀 노릇을 하고, 친구와 동료들 사이에서는 책임을 다함으로써 신뢰를 받기 위해 노력하고, 직장에서는 맡은 임무를 게을리하지 않는 인간관계의 원칙은 오늘날까지 대다수의 아시아인의 생활에 깊이 영향을 미치고 있습니다. 생활문화와 인간관계의 표준을 공자가 몸소 보여 주었기 때문에 공자를 깊이 연구한 맹자는 "인류가 난 이래로 최초의 사람"이라는 찬사로 존경을 표했습니다.

《논어》의 첫머리에 나온 글처럼 당시 뜻있는 젊은이들은 천리길을 마다 않고 스승 공자를 찾아왔습니다. 공자에게 직접 배울 수 없었던 사람들은 공자가 남긴 말에 귀를 기울였습니다. 이 가운데에는 지구 반대편의 유럽인과 미국인도 있었습니다. 우리는 《논어》를 제대로 읽었을까요? 유럽인만큼 공자로부터 진지하게 배움을 구한 적이 있었나요? 아니면 그런 오래된것들은 들여다볼 가치가 없는 걸까요? 저는 이질문을 가슴에 품고 20년 가까이 《논어》를 읽었습니다. 저는 아직 우리가 공자에게 배울게 남아 있다고 생각합니다.

언제부턴가 저는 《논어》를 사랑 이야기로 읽기 시작했습니다. 세상을 사랑하면 더 자세히 들여다보게 되고, 세상에서 벌어지는 온갖 비참한 일에 슬픔과 분노를 느낍니다. 상처받은 사람들을 어루만지고, 사랑하는 사람들을 아프게 하는 온갖 구조에 대해서 맞서 싸우지 않을 수 없게 만듭니다. 그것이 바로 공자가 보여 준 모습입니다. 제가 들려주고 싶은 건 바로 '공자의 사랑 이야기'입니다.

흔쾌한 마음으로 이 책을 출간해주신 박정화 대표님과 편집자님께 감사의 마음을 전하고 싶습니다.
아무쪼록 독자들의 마음에 사람의 향기와 사랑이 깊이 전해지기를 바라는 마음입니다.

2018년 가을
오승주

차례

공자, 사람답게 사는 인의 세상을 열다

'사람다움'을 최초로 제시한 사람을 사랑한 공자

▲ 공자(孔子, Confucius, 기원전 551~기원전 479)
고대 중국 춘추시대 노나라 사람으로 오늘날 중국인들의 사고방식에 절대적인 영향을 끼쳤다. 직접 가르침을 받은 스승은 없었고 대부분 사숙했다. 노나라 시조 주공에게 예법의 중요성을 배웠고, 정자산에게는 몸가짐과 인품을 배웠고, 관중에게는 지략을 배웠다. 정치를 바꾸는 것이야말로 최선의 일이라고 생각해 천하를 주유하였으나 받아들여지기는커녕 평생 견제와 차별을 받았다. 본격적으로 학당을 열어 제자 양성에 힘썼다. 스스로 쓴 책은 한 권도 없었지만 시, 서, 예, 악, 춘추, 역으로 이루어지 육예에 열정을 다해 날마다 제자들과 공부하고 토론했다. 공자의 제자들이 중국 전역에 진출해 학문에 바탕을 둔 정치 문화를 만들었다. 그의 가르침을 모아 제자들이 수많은 저서를 남겼으며 대표작으로는 《논어(論語)》, 《시경(詩經)》, 《서경(書經)》, 《주역(周易)》, 《춘추(春秋)》 등이 있다.

※《논어》 원문 번호는 교정청본(校正聽本, 1590년, 도산서원 소장 내사본), 율곡본(栗谷本, 1749년, 교서관 간행본)을 사용하였다.

Part 1

아픈 세상과
함께 아파했던 사람

1

닭 잡는 데 어찌
소 잡는 칼을 쓰느냐?

　공자는 공公과 사私가 분명한 사람입니다. 특히 조정에서는 임금의 앞을 지날 때 몸을 구부리고 종종걸음으로 걷고, 문설주와 문지방을 밟지 않고 가운데를 통과하지 않을 정도로 엄격했습니다. 이것이 당시의 예법이었기에 공자만 유난했던 것도 아닙니다. 오히려 예禮가 무너졌기 때문에 공자로선 손해였습니다. 특히 곡삭告朔의 예가 무너진 데 대해서 공자는 매우 안타까워했습니다. 곡삭이란 천자가 매년 섣달에 이듬해의 역법을 정하고 제후에게 1년 치 역서를 건네줍니다. 그러면 제후들이 이를 선조의 종묘宗廟에 모셔 두고 매월 1일마다 양을 잡아 바치며 고한 뒤 그달의 역서를 꺼내어 쓰던 일을 말하죠. 역서란 다용도 달력으로 농업이 본업인 중국에는 꼭 필요한 기상 정보가 담긴 책을 말합니다.

공자 시대에는 주나라가 명목뿐인 천자의 나라였기 때문에 역서를 반포할 힘도 없었고 예법도 유명무실해졌습니다. 그래도 양을 잡아서 시늉을 하기는 했나 봅니다. 젊고 합리적인 제자 자공子貢은 스승에게 이런 껍데기만 남은 행사를 왜 하는지 모르겠다고 푸념합니다. 공자는 제자를 타이릅니다.

사賜야, 너는 양의 생명을 아낄 줄 아는 것 같구나. 하지만 내게는 흔적만 남은 예법일지라도 소중하단다. -《논어》, 〈팔일〉

원래 매월 1일이 되면 궁전에서는 모든 사람들이 곡삭례를 치르는 특별 복장을 입고 조회에 참여해야 하지만 이전 임금부터는 그마저도 없어졌습니다. 공자는 홀로 특별 복장을 입고 매월 1일마다 출근했습니다. 남들이 보기에 어땠겠습니까? 요즘 말로 '튀는 행동'처럼 보일 수도 있죠. 공자의 행동에 대해서 당시 험담이 있었던 것으로 보입니다. 공자가 억울함을 호소하는 대목이《논어》에 나오니까요.

나는 예를 다해서 임금을 모시지만, 사람들은 아첨한다고 생각하는구나. -《논어》, 〈팔일〉

유머가 있는 공자의 사생활

우리가 이제까지 들었던 모습과 달리 실제 공자의 사생활은 유머와 개성으로 가득했습니다. 술 마시기를 좋아하고 '생강'을 참 좋아했습니다. 음악과 노래는 전문가 수준으로 즐겼습니다. 《조선왕조실록》을 보면 세종대왕이 음악의 천재라고 알려져 있는데, 공자와 '음악 경연'을 펼친다면 볼 만할 것입니다. 당시의 노래는 대부분 시詩였습니다. 공자는 중국 각지에 흩어져 있던 시를 모았습니다. '시삼백詩三百'이란 공자가 엮은 300여편의 시를 일컫는 말이기도 합니다. '시삼백'에 들어가지 않은 시를 일시逸詩라고 하는데, 공자는 '일시'도 세심히 챙겼습니다. 그뿐 아니라 당시 속담이나 유행어에도 무척 깊은 관심을 나타냈으며, 제자들과 대화를 할 때 유행어를 많이 썼습니다. 만약 공자가 지금 살고 있다면 10대가 쓰는 여러 가지 말들을 금방 체득할 것입니다.

공자가 이렇게 흥과 유행에 민감하다 보니 유머는 몸에 배었습니다. 요즘 말로 하면 '예능감'이 있는 사람이었죠. 저는 다양한 《논어》 번역서나 해설서를 읽으면서 가끔 웃기는 상황을 만납니다. 주석가들이 공자의 유머 감각을 따라가지 못해서 공자를 매우 엄숙하게 그려 놓았기 때문입니다. '공자님 말씀'이라고 하면 뭔가 교훈적이고 고리타분한 말처럼 보이지만, 실제로 공자님 말씀은 참 재밌습니다. 공자의 제자들도 스승의 유머 감각을 따라가지 못할 때가 많았죠.

공자, 사람답게 사는 인의 세상을 열다

공자가 무성이라는 조그만 고을의 책임자인 자유의 안내를 받으며 마을을 둘러보다가 거문고에 맞추어 노래 연습하는 소리를 들었다. 공자는 빙그레 웃으며 말했다. "닭 잡는 데 소 잡는 칼을 쓰느냐?" 자유가 대답했다. "전에 제가 선생님께 듣기로 윗사람이 도를 배우면 백성을 소중히할 줄 알게 되고 백성이 도를 배우면 윗사람을 잘 따르게 된다고 하셨습니다." 공자가 말했다. "얘들아, 언[자유의 이름]의 말이 맞다. 아까 한 말은 농담이었다." -《논어》, 〈양화4〉

《논어》에서 공자와 제자가 나누는 대화는 집중해서 보아야 합니다. 공자는 제자들의 장단점과 특징을 모두 알고 있었을 뿐 아니라, 제자의 말과 행동을 세심히 관찰했습니다. 제자에 대한 섬세한 이해를 가지고 대화를 했다는 점을 놓쳐서는 안 됩니다.《논어》에서 보이는 '자유'는 매우 진지했고 사명감을 가지고 있었던 관료였습니다. 공자는 제자가 유머와 여유가 있기를 바라는 마음으로 '닭 잡는 칼'의 비유로 떠보았으나 자유는 역시 지나치게 진지한 태도로 답변을 하였죠. 스승은 농담이었다는 해명으로 말을 주워 담았습니다.

"위대하다, 공자여! 널리 배웠으나 이름을 이룬 것이 없구나!"
-《논어》, 〈자한2〉

공자는 어릴 적 고생을 많이 해서 세상사에 대해서 모르는 게 없었죠. 귀족이나 관리가 볼 때 공자의 그런 모습은 너무 신기했습니다. 하지만 당시의 귀족들에게 여러 가지를 잘하는 것은 결코 자랑거리가 되지 못했습니다. 오히려 한 가지 분야에서 일가를 이루는 게 명성을 쌓는 데 도움이 되었죠. 이 점을 안타깝게 여긴 '달항당인'이라는 사람이 이런 마음을 한마디로 말하자 분위기가 묘해집니다. 칭찬이라고 해야 할지, 비판이라고 해야 할지 모르는 어색한 분위기를 깨는 공자의 유머 넘치는 한마디가 재밌습니다.

"내가 무엇을 잡는 게 좋을까? 말고삐를 잡는 게 좋을까, 활을 잡는 게 좋을까? 나는 말고삐를 잡을 거야." -《논어》, 〈자한2〉

말고삐는 뭐고 활은 뭔지 헷갈리죠? 당시 전쟁은 주로 전차를 타고 활을 쏘며 하는 전차전이었습니다. 전차에는 말몰이꾼과 사수가 한 팀을 이뤘습니다. 뉴스를 진행할 때 TV에 나오는 아나운서가 사수라면 TV에 나오지 않는 여러 방송 관계자가 말몰이꾼에 해당합니다. 말몰이꾼은 보이지 않는 곳에서 전쟁을 돕는 사람인 반면, 사수는 온갖 스포트라이트를 다 받는 화려한 역할입니다. 공자는 유명해지기보다는 조용하지만 실질적으로 세상을 돕는 사람이 되고 싶다고 자신의 포부를 선언한 것입니다.

공자, 사람답게 사는 인의 세상을 열다

고집스럽고 원칙적인 송나라 사람

공자의 조상은 중국 남쪽의 송宋나라 사람이었기에 '송양지인宋襄之仁'이라는 고사성어는 공자와 관계가 있습니다. 춘추시대 송나라 양공襄公이 초나라와 전쟁을 하고 있을 때 먼저 유리한 위치를 잡았습니다. 적군은 미처 강을 건너지 못한 상황이었죠. 부하들이 기회를 놓치지 말고 일제 공격을 하자고 재촉했지만 양공은 '스포츠 정신(?)'에 위배된다며 상대가 정돈되기를 기다렸습니다. 초나라는 이 틈에 전열을 가다듬고 공격을 퍼부었습니다. 결국 송나라는 대패했고 양공도 부상을 입고 말았습니다. 세상 사람들은 귀족의 품위를 얻고 승리는 빼앗긴 일을 비웃었습니다. 지금도 원칙을 고집하는 사람을 일러 송양지인이라고 부릅니다. 당시 춘추시대의 전쟁 문화가 이와 같았습니다. 춘추시대에는 전차를 타고 양측이 공격하는 방식이 일반적이었습니다. 한쪽이 공격하면 상대방은 수비하고, 이어서 공격과 수비를 바꾸며 반복하는 패턴이었죠. 점잖은 귀족들의 스포츠 같은 전쟁의 수행 방법은 춘추시대의 특징입니다. 공자가 춘추시대의 귀족 문화에 영향을 받았다는 점을 잊어서는 안 됩니다.

공자는 송나라의 후손이기 때문에 고집과 원칙을 타고났습니다. 이런 성격 때문에 제자들은 한숨이 끊이지 않았죠. 제자들이 고위관료들과 어렵사리 면담 기회를 만들어 놓으면 공자는 입바른 말로 상대를 불편하게 했기 때문입니다. 아래 글을 읽을 때 스스로를 권력자라고 생각하고 공자의 이야기를 듣는다고 상상해 보십시오.

나라에 절도 사건이 들끓게 되어 계강자가 공자에게 대책을 물으니 공자가 대답했다. "만약 대부께서 욕심을 부리지 않는다면, 백만금을 준다고 해도 백성들이 절도를 하지 않을 것입니다." - 《논어》, 〈안연17〉

제나라의 진성자陳成子가 그 군주 간공簡公을 시해했다. 선생께서 목욕재계하여 조정에 들어가 애공에게 건의했다. "제나라 진항이 군주를 시해했습니다. 군사를 일으켜 그들을 토벌하십시오." 애공이 말했다. "세 대신과 상의해 보시는 것이 좋겠소." 공자가 말했다. "저는 전직 관료로서 말씀드리지 않을 수 없었습니다. 이 문제는 세 대신과 상의하겠습니다." - 《논어》, 〈현문22〉

공자의 일상생활을 들여다보면 답답할 정도로 원칙적이라는 사실을 알 수 있습니다. 공자는 제철음식이 아닌 것은 물론 잘못된 요리나 시장에서 파는 음식, 바르게 자르지 않은 음식도 먹지 않았죠. 밥을 먹을 때나 잠자리에서 말을 하지 않았습니다. 중국인들은 '체면'을 중시합니다. 공자는 체면을 중시했고, 군자로서의 기풍을 중요시했습니다. 보통 사람이라면 번거롭기 짝이 없을 법도를 꼼꼼히 챙겼고 일상의 순간을 '큰 제사 모시듯' 진지하게 임했습니다. 그렇게 살기란 참 어려울 것입니다. "말은 어눌하게 하고 행동은 민첩하게 하라"는 자신의 말을 뚝심 있게 실천했기에 공자는 '송양지인'의 고사를 다시 한 번 생각하게 만듭니다.

공자, 사람답게 사는 인의 세상을 열다

2
가르침에는 구분이 있어선 안 된다

공자가 사숙한 고대의 성인(聖人) 제왕

공자는 불행하게도 좋은 스승에게 직접 배울 기회가 없었습니다. 이처럼 마땅한 스승이 없을 때는 스승으로 삼을 만한 사람들의 기록을 찾아서 깊이 배워야 했습니다. 이것을 '사숙私淑'이라고 합니다. 공자는 고대의 제왕들을 사숙했습니다. 우리는 공자를 '성인聖人'이라고 부르지만, 공자 시대의 성인은 '제왕'을 뜻하는 말이었습니다. 자신의 의지를 가지고 세상을 다스리는 것은 강력한 권력을 가지고 있어야 가능한 일이었으니까요. 공자 시대의 대표적인 성인 제왕은 요임금, 순임금, 우임금이었습니다. 공자는 주周나라의 예법을 가장 찬양했기 때문에 주나라의 문왕과 주공을 깊이 사모했습니다. 사숙의 전통은 오랜 세월 동안 이어졌습니다. 맹자孟子는 공개적으로 공자를 사숙했다고 말했고, 역사가 사마천도 공자를 사숙했죠. 고대의 군자들이 어떻게 공부했는지는 《맹자》에 잘 소개돼 있습니다.

한 마을의 훌륭한 군자는 다른 마을의 훌륭한 군자와 벗 삼고, 한 나라의 훌륭한 군자는 다른 나라의 훌륭한 군자와 벗 삼으며, 천하의 군자는 역시 천하의 군자와 벗 삼는다. 하지만 천하의 선비를 벗 삼는 것으로는 부족하다. 고대 인물의 업적을 따져 보고, 시詩의 이야기를 되뇌고, 기록을 면밀히 따져 보아야 '사람에 대한 이해'를 할 수 있다. 이런 노력이 있기에 '그 시대'를 논할 수 있으니 이것을 일러 시간을 넘나들어 옛사람을 벗 삼는다고 하는 것이다. -《맹자》, 〈만장 하〉

맹자가 제시한 방법을 공자가 충실히 따랐다는 것은 《논어》의 기록을 보면 알 수 있습니다.

"크도다, 요堯임금의 군주 됨됨이여. 높고도 높도다. 오직 하늘이 큰데, 요임금만이 그것을 본받았다. 넓고 넓어서 백성들이 뭐라고 이름을 붙일 수 없었다. 높고도 높도다, 그 공적을 이룸이여. 눈부시도다, 그 예악법도여." -《논어》, 〈태백〉

요임금께서 말씀하셨다. "아, 그대 순舜이여. 하늘의 역수(曆數, 왕이

공자, 사람답게 사는 인의 세상을 열다

될 차례)가 그대로 정해졌으니, 성실하게 중용을 견지하도록 하여라. 천하의 백성들이 고통과 빈곤에 빠지면 하늘이 그대에게 내린 복은 사라져 영원히 다시 오지 않으리라." -《논어》, 〈요왈〉

고대 전설의 임금인 요임금의 미덕은 하늘을 공경한 것입니다. 공자는 하늘과 물을 관찰하는 것을 좋아했습니다. 하늘을 쳐다보면서 요임금을 생각하지 않았을까요? 하늘은 끝없는 에너지의 원천이며 착한 마음의 상징입니다. 태양빛을 생각해 보세요. 지구의 모든 생물은 태양이 주는 에너지에 의존해서 살아가죠. 밤이 지나고 아침이 오지 않는 장면을 상상할 수 있을까요?

공자는 요임금처럼 착한 마음과 성실함을 닮으려고 애썼습니다. 《논어》에서도 '하늘'에 대한 언급이 많이 나오죠. "하늘이 내게 가치 있는 행위를 기대하고 있다면 환퇴 따위가 무슨 해를 나에게 끼칠 수 있으랴"〈술이〉, "아아, 하늘이 나를 죽일 작정인가, 나는 죽은 것이나 다름없노라!"〈선진〉, "내가 그때 무슨 비난받을 짓을 하지 않았다는 것은, 하늘도 내려다보신다, 하늘도 내려다보신다"〈옹야〉, "하늘에 죄를 지으면 빌 곳이 없다"〈팔일〉처럼 착한 마음의 원천 또는 운명의 비유로 사용하고 있습니다. 요임금에 이어서 중국을 다스린 임금은 순임금과 우임금이었습니다. '요순 시대'라는 말은 나라가 이상적으로 다스려지던 시절을 말하는데 우 임금까지도 고대 이상 사회에 들어갑니다. 공자는 순임금과 우임금에게서 무엇을 배웠을까요?

> "아무것도 안 하는 것으로 다스린 [무위이치(無爲而治)] 자는 순임금일 것이야. 무엇을 했는가? 몸을 공손하고 똑바로 하고서 왕위에 앉아 있었을 따름이다." -《논어》, 〈위령공〉

> "높고도 높구나! 순임금과 우임금은 천하를 갖고서도 그에 간섭하지 않았다." -《논어》, 〈태백〉

공자는 "임금은 임금답고, 신하는 신하답고, 아버지는 아버지답고, 자식은 자식다워야 한다"는 명언을 남겼습니다. 세상의 모든 질서가 무너지고 사회 혼란이 극심했던 공자의 시대에 가장 고통받던 사람은 힘없는 백성들이었습니다. 만약 공자는 정치 지도자나 실무자들이 자신의 자리를 제대로 잡고 성실하게 책임을 다한다면 혼란을 다스릴 수 있을 거라고 생각했습니다.

아무것도 안 하는 것으로서 다스리는 일명 '무위이치無爲而治'는 동양 정치의 특징입니다. 대통령은 나라의 일을 일일이 챙기지 않습니다. 담당 장관이 있죠. 대통령이 하는 가장 중요한 일은 장관을 잘 뽑는 것입니다. 장관을 할 만한 적임자를 찾아서 앉히고 이에 대해서 왈가왈부하지 않을 때 나라가 안정적으로 다스려질 수 있죠. 왕

공자, 사람답게 사는 인의 세상을 열다

을 권력의 정점에 놓고 대신大臣과 감찰관으로 여러 겹의 견제 장치를 만든 정치체제는 공자의 기본 정치 사상입니다.

공자가 배우고자 했던 훌륭한 선배들

공자가 자산에 대해서 칭찬했다. "군자의 도에 네 가지가 있다. 그 중 하나는 자신의 몸가짐을 공손히 하는 것이고, 다른 하나는 윗사람을 섬김에 있어 공경하는 것이고, 다른 하나는 백성을 보살핌에 있어 은혜로운 것이고, 다른 하나는 백성을 부림에 있어 의로운 것이다." –《논어》, 〈공야장〉

어떤 사람이 자산子産에 대해서 묻자 공자가 대답했다. "은혜로운 사람이다." –《논어》, 〈헌문〉

정자산鄭子産은 중국 역사에서 매우 중요한 위치를 차지하고 있는 정치가입니다. 온갖 논란에도 불구하고 중국 최초의 법전을 만들었던 '법가法家'의 시조이기도 하죠. 자산은 정나라의 정치가 혼란스러웠을 때 전권을 물려받았습니다. '몸가짐을 공손히 한다'는 논어의 말은 자산이 당시 중국에서 존경을 받는 연릉계자延陵季子 계찰季札에게 받은 충고이기도 합니다. 자산과 계찰은 공자가 태어나기 전에 활동했던 인물이었지만 두 사람은 동시대인이어서 역사적인 만남이 《춘추좌전》에 기록돼 있죠. 자산이 정나라 집정이 되기 전 계찰은 나라를 방문했습니다. 계찰은 오나라 새군주가 보위에 오른 것을 두루 알리기 위해 특사 자격으로 파견된 것이지만, 전국의 유력한 정치인들의 상담 요청을 받았던것 같습니다.

"정나라의 재상이 사치하니 장차 화난이 일어날 것이오. 그러면 정권은 반드시 그대에게로 넘어올 것이오. 그리 되면 삼가 예로써 일을 처리하도록 하시오. 그렇게 하지 않으면 정나라는 장차 패망하고 말 것이오." -《춘추좌전》, 〈노양공 29년〉(기원전 544)

정자산은 계찰의 충고를 실천해 정나라를 잘 다스렸습니다. 《논어》 외에도 《춘추좌전》 등 다른 역사 기록에서는 공자가 자산을 찬양했던 내용이 많습니다.

자로가 여쭈었다. "제나라 환공이 형제인 공자 규를 살해했을 때, 규의 신하인 소홀은 따라 죽었는데 관중은 죽지 않고 오래 살았습니다. 이를 불인不仁이라고 해야 합니까?" 공자가 말했다. "환공이 제후를 회합하여 패자를 주창했을 때 무력을 앞세워 위협하지 않았던 것은 관중 덕분이었다. 관중에게는 관중 나름의 인이 있음을 잊어서는 안 된다. 그것을 어찌 무시할 수 있겠느냐? 어찌 일률적으로 불인이라고 단정할 수 있겠느냐?" -《논어》, 〈헌문〉

공자, 사람답게 사는 인의 세상을 열다

자공이 말했다. "관중은 불인한 사람입니까? 제나라 환공이 형제인 공자 규를 죽였을 때 같이 죽지 않았을 뿐만 아니라 오히려 환공의 재상이 되었습니다." 공자가 말했다. "관중은 환공의 재상이 되어 제후의 패자임을 주창하고 천하를 바로 세웠다. 따라서 백성이 지금에 이르기까지 그 은혜를 입고 있다. 만일 관중이 아니었더라면 지금 우리들은 오랑캐 풍습에 동화되어 머리를 풀고 왼쪽 섶을 안쪽으로 들어가게 옷을 입고 있을지도 모른다. 이름도 없는 남녀가 의리를 지킨다고 스스로 목을 매어 도랑에 빠져 죽어도 아무에게도 칭찬받지 못하는 것과 비교할 수는 없다." -《논어》, 〈헌문〉

어떤 사람이 관중의 인물됨을 물었다. 공자가 말했다. "대인배라고 해야 할 것이다. 백씨의 변읍 300호를 몰수했지만 백씨는 쪼들리면서도 죽을 때까지 원망 한마디 하지 않았다." -《논어》, 〈헌문〉

《논어》에 기록된 스승과 제자들의 가장 뜨거웠던 토론 주제는 제齊나라 정치가 '관중'(管仲, ?~기원전 645)에 대한 평가입니다.《논어》의 기록으로만 보면 공자의 제자들은 관중이 옳지 않았다고 보고 있습니다. 권력 투쟁에서 패한 자신의 주군인 공자 규가 처형당했을 때 같이 죽지 않고 주군의 원수였던 소백의 부하가 되었기 때문입니다. 소백은 춘추오패의 첫 번째 영웅인 제환공입니다. 관중은 자신의 학문과 수완을 총동원해 제나라를 강하게 만들었고, 제환공은 중국 전체를 지휘하는 리더가 되었습니다. 하지만 의리의 문제로 보면 비판을 피할 수 없습니다.

제자들의 비판에 대한 공자의 반론을 요약하면 '위대한 성취'를 이뤄낸 점에 대해서는 인정을 해 줘야 한다는 것입니다. 관중은 인재등용 시스템을 개혁해 관직 세습이라는 잘못된 관행을 없애고, 철저히 실력과 인품 등 객관적인 기준을 적용하였습니다. 그리고 무엇보다도 백성의 생계가 안정되는 데 최선을 다했습니다. 자공이 스승에게 "만일 널리 백성에게 은혜를 베풀고 중생을 제도할 수 있다면, 인자仁者라고 할 수 있습니까?"라고 물었을 때 공자가 "그것은 인자 정도가 아니라 성인이라고 해야 할 것이다. 요순과 같은 성군도 그렇게 하기는 어려웠다《논어》, 〈옹야〉라고 답변한 것을 보면 인仁과 성聖이라는 개념은 얼마나 많은 사람들을 행복하게 만들었는가에 달려 있다고 할 수 있습니다. 관중은 논쟁적인 인물이었지만 공자는 관중이 이뤄 낸 업적을 솔직히 인정하는 합리적인 모습을 보여 주었습니다. 하지만 공자 역사 관중의 '무례無禮'를 비판하는 발언을 남겼습니다.

공자가 말했다. "관중은 그릇이 너무 작구나." 어떤 사람이 물었다. "관중은 너무 검소하다는 말입니까?" 공자가 대답했다. "관중은 세 사람의 본부인을 동시에 두고 하인에게는 한 가지 일밖에 시키지 않았다. 어찌 검소하다고 하겠는가." 그 사람이 다시 물었다. "그러면 관중은 예를 아는 사람입니까?" 공자가 대답했다. "제후의 문에는 나무를 세워서 안이 보이지 않게 하는데 관중은 왕도 아니면서 나무를 세웠다. 또 제후끼리 회담할 때 술잔 받침대로 반점反坫이라는 것을 놓자 관중도 반점을 놓았다. 관중이 예를 안다고 하면 이 세상에 예를 모르는 사람은 없을 것이다." -《논어》, 〈팔일〉

얼핏 보면 관중에 대한 공자의 평가가 서로 모순돼 보이지만 오히려 이 말을 통해서 공자가 어떤 가치를 우선시하는지 이해할 수 있습니다. 관중은 중국 역사와 인민에게 큰 혜택을 주었지만 잘못된 모범이 되어서는 곤란합니다. 그 당시 젊은이라면 누구나 관중처럼 위대한 업적을 남기고 싶어 할 것입니다. 나아가 관중의 일거수일투족에 관심을 가지면서 부인을 세 명쯤 둬야 폼이 날 것이라고 생각할 수도 있고, 임금이 두는 반점이나 대문 가림용 나무를 자기 집에 세우려고 사치를 부리는 게 유행이 될 수도 있습니다. 관중의 이야기를 통해서 사람을 평가할 때 어떤 기준을 가져야 하는지 깊이 생각해 볼 기회로 삼을 수 있습니다.

교육자로서의 공자

"교육이 있는 곳에 차별은 없다"《논어》〈위령공〉처럼 공자의 교육 사상을 잘 표현한 말은 없을 것입니다. 신분이 낮으면 낮은 대로, 높으면 높은 대로 배움은 끝이 없는 거니까요. '평생 교육'이라는 말도 공자의 정신을 본떴을 것입니다. 공자는 스스로 세상의 어지러운 정치를 바꿔 보려고 평생을 노력했지만 역부족이었다는 사실을 알고 교육에 매진했습니다. 자신이 직접 하지 않고 자신의 제자들에게 맡긴 점이야말로 탁월한 선택이었죠. 가치 있는 삶을 살고자 노력했던 공자의 철학을 '도덕 철학'이라고 부릅니다. 공자의 교육 철학은 '가치 있는 사람'을 키우는 것이었으니 도덕 철학의 뿌리에서 나온 가지와도 같았습니다.

> 세 사람이 길을 걸어갈 때도 반드시 배울 점이 보인다. 그중에 선한 자는 본받으려고 애쓰고, 선하지 못한 자는 자신을 돌아보는 거울로 삼아야 한다. - 《논어》, 〈술이21〉

무엇에서든 배울 점이 있다는 공자의 생각은 배움과 가르침을 아울러 볼 수 있게 해 줍니다. 스승은 가르치는 사람이고 제자는 배우는 사람이 아니라 스승과 제자가 서로 배우고 가르치는 입장이라는 뜻이죠. 배우기를 좋아한다는 말을 '호학好學'이라고 하는데, 공자는 호학이라는 대유행을 만들었습니다. 당시에는 공부를 안 해도 신분이 보장되었기 때문에 사람들이 공부하려고 하지 않았습니다. 신분이 낮은 사람들 역시 아무리 노력해도 신분 상승이 되지 않으니 공부를 포기 했습니다. 아무도 공부를 안 하니 정치다운 정치가 있을

공자, 사람답게 사는 인의 세상을 열다

리가 없었습니다. 세상에 사는 사람들이 신분에 상관없이 모두 공부를 하지 않는 무지의 악순환이 거듭되면 누가 피해를 볼까요? 우리가 학교에서 배운 '만인의 만인에 대한 투쟁'이 삶을 파괴하고 무자비한 경쟁에 내몰린 백성들의 삶은 도살장에 끌려가는 가축 신세처럼 처량했습니다. 공자는 공부를 하는 사람이 많아질수록 백성들의 비참한 삶이 나아질 수 있다고 믿었습니다.

공자의 '공부 바람'은 중국을 강타했습니다. 공자 이후로는 세상 사람들이 신분에 상관없이 공부를 하지 않으면 안 되는 분위기가 생겼습니다. 심지어 약하고 어리석은 백성들도 공부를 해야겠다고 생각했죠. 공자는 당시 누구나 자신이 부담할 수 있는 최소한의 입학금만 내면 제자로 받아들였습니다. 입학금을 '속수束脩'라고 불렀는데, 말린 고기 육포 10개짜리 한 다발을 말했으니 마음만 먹으면 누구든지 배울 수 있었습니다. 속수는 '예'의 표시일 뿐이었습니다. 예컨대 우리가 애완동물을 분양할 때 공짜로 받지 않고 단돈 1만 원이라도 내는 것도 돈을 벌 목적이 아니라 '예'의 표시인 셈이죠.

공자는 사소한 순간에도 제자에게 배우고, 나쁜 점까지도 연구를 했습니다. 만약 선생님과 부모님들이 청소년들을 공자처럼 세심히 관찰하고 배우려고 노력한다면 청소년들도 깊은 인상을 받을 수 있을 것입니다.

처음에 나는 사람을 대할 때 그 말하는 것을 들으면 그것이 그대로 실행되고 있는 줄 알았다. 그런데 이제는 남이 말하는 것을 들은 다음 과연 그 말대로 실행하고 있는지 관찰하기로 했다. 재여 때문에 방침을 바꾼 것이다. - 《논어》, 〈공야장〉

공자의 제자 재여는 합리적이고 현대적인 사고를 가진 제자였습니다. 공자는 한 세대 이상 젊은 제자들과의 토론을 무척 즐겼는데, 재여는 3년상에 대해서도 문제 제기를 하면서 1년상이면 된다고 파격적인 주장을 했죠. 공부 태도에 대해서도 공자는 "혹시 따라잡지 못할까 분발하고 배운 것도 잃어버리지 않을까 두려운 마음"《논어》, 〈태백〉으로 하라고 지도했지만 자유분방한 재여는 졸리면 자야 한다고 생각했습니다. 그냥 꾸벅꾸벅 졸았던 정도가 아니라 아예 침실에서 이불을 펴 놓고 잤습니다. 공자는 "썩은 나무에는 조각을 하지 못할 것이며, 썩은 흙으로 쌓은 담에는 흙손질을 하지 못할 것"이라며 진노했습니다.

학생을 가르치는 사람으로서 중요한 덕목 중에 하나는 가르칠 만한 학생을 찾는 일입니다. 학생을 한 번 선택하고 나면 매우 많은 시간과 노력을 들여야 하는데, 만약 그 학생이 스승의 뜻을 저버린다면 얼마나 우스워지겠습니까? 공자는 배울 준비가 되어 있는 제자들에게만 가르침을 주는 방법을 선택했습니다.

공자, 사람답게 사는 인의 세상을 열다

"분발하지 않으면 열어 주지 않고, 말로 표현하려고 애쓰지 않으면 알려주지 않는다." - 《논어》, 〈술이〉

"'어떻게 하지, 어떻게 하지' 하고 고뇌하지 않는 자는, 나도 어찌할 수가 없다." - 《논어》, 〈위령공〉

한 손바닥으로는 박수를 칠 수 없듯이 스승이나 제자 한쪽만 노력한다고 교육이 완성되지 않습니다. 공자가 자신의 사상을 지금까지 전할 수 있었던 까닭은 훌륭한 제자와 합이 맞았기 때문입니다.

공자의 음악 교육

공자가 〈소韶〉에 대해서 "아름다움의 극치이고, 선의 극치이다"라고 평가하셨고, 〈무武〉에 대해서는 "아름다움의 극치이기는 하지만 선에 대해서는 미진하다"고 평가하셨다. - 《논어》, 〈팔일〉

공자가 제나라에 있을 때 〈소〉를 들으시고는 석 달 동안 고기 맛을 알지 못하셨는데, 그 느낌을 이렇게 말씀하셨다. "음악이 이런 경지에까지 이를 줄은 생각지도 못했다." - 《논어》, 〈술이〉

안연이 나라 다스리는 방법을 묻자 공자는 다음과 같이 말했다. "하나라의 달력을 사용하고, 은나라의 수레를 타고, 주나라의 면류관을 쓰

고, 음악은 〈소〉와 〈무〉를 연주한다. 정나라의 소리를 추방하고, 아첨
꾼을 멀리한다. 정나라의 소리는 음란하고 아첨꾼은 위험하다."

– 《논어》, 〈위령공〉

음악과 정치는 떼려야 뗄 수 없는 관계였습니다. 《논어》에는 음
악에 관한 이야기가 매우 많습니다. 음악은 정치의 완성이기 때문
입니다. 정치 지도자는 음악으로 대중과 소통했고 대중을 교화했기
때문입니다. 고대의 음악은 춤과 가사, 즉 시까지 포함합니다. 공자
는 고전음악의 마니아였는데 춘추시대 유명한 고전음악은 여섯 종
이 있었습니다. 《논어》에도 고대 음악에 대한 명칭이 언급돼 있으니
대표적인 것만 소개합니다. 〈운문雲門〉은 황제를 위한 음악이며, 〈함
지咸池〉는 요임금을 위한 음악이며, 〈대소大韶〉는 순임금을 위한 음
악이며, 〈대하大夏〉는 우임금을 위한 음악이며, 〈대호大濩〉는 탕임금
을 위한 음악이며, 〈대무大武〉는 주나라 무왕을 위한 음악입니다. 이
중에서 가장 유명한 게 공자가 즐겨 들었던 〈소〉와 〈무〉였죠. 순임
금의 음악인 〈소〉는 선양에 의해 천하를 얻고 선양을 통해 우에게
나라를 물려주었으니 양보의 정치를 찬양하는 공자가 으뜸으로 꼽
았습니다. 무왕은 폭력 혁명으로 천하를 얻었으니 공자가 버금으로
삼았다는 게 학자들의 해석입니다.

공자는 음악의 이론에 정통했을 뿐만 아니라 음악 연주 실력도

무척 뛰어났습니다.《논어》에는 공자가 '경磬'이라는 악기를 연주하는 장면도 있고, 공자의 제자들이 거문고를 타는 장면도 여러 번 보입니다.《논어》의 이야기를 들어보면 당시 공자가 좋아했던 고전음악과 다른 장르의 대중음악이 있었던 것으로 보입니다. 지금으로 따지면 클래식 앨범과 대중음악(음원)이 모두 있었습니다. 공자는 클래식만을 음악으로 인정하고 대중음악은 좀처럼 인정하지 않았습니다. '정鄭나라의 대중음악이 아악雅樂을 어지럽히는 것이 싫다'《논어》,〈양호〉는 말에서도 알 수 있죠. 하지만 고전음악은 무척 예스럽기 때문에 백성들이 들어봐야 이해할 수도 없었고 쉽게 들을 수도 없었습니다. 공자는 음악에 있어서만큼은 보수적이었습니다. 음악을 음악 자체로 사랑하기보다는 정치의 수단으로 한정해서 이해했기 때문입니다. 서양 철학의 아버지였던 플라톤이 시와 시인을 낮게 평가했던 것도 역시 시의 가치를 제한적으로 보았기 때문이었죠.

3
문학과 덕행과
진실과 믿음

진심 가득한 효심으로 되찾은 아버지의 무덤

《논어》에 기록된 공자의 인생 이야기는 15세부터 시작합니다. 공자는 말년에 자신의 인생을 돌아보며 열다섯에 학문에 뜻을 두었다고 말했습니다. 공자가 말하는 '학문'은 오늘날 우리가 생각하는 것과 차이가 있습니다. 앎과 실천이 엄격하게 일치하는 것이 옛 학문의 특징입니다. 논어의 용어로 말하면 '위기지학爲己之學' 즉 자기 자신에게 부끄럽지 않기 위한 학문입니다. 또 다른 말로는 '박문약례博文約禮,' 즉 해박하게 공부하되 실천으로 요약하는 일입니다. 공자가 본격적으로 공부해야겠다고 생각한 예禮의 뿌리는 주周나라 문왕의 예법입니다. 공자는 어릴 적부터 제기祭器를 깔아 놓고 제사를 흉내

공자, 사람답게 사는 인의 세상을 열다

내며 놀았다는 기록이 있고, 공자의 어머니가 각종 제기를 사 놓고 공자에게 갖고 놀도록 했다는 기록을 보면 제사 놀이를 하면서 자연스럽게 예의 세계로 들어왔다고 할 수 있습니다. 공자가 예법으로 유명해진 건 부모님을 장사지내고 나서부터입니다.

17세에 어머니마저 여의었던 공자는 부모님을 합장合葬할 수 없었습니다. 아버지의 묘지를 몰랐기 때문입니다. 어머니는 돌아가실 때까지도 아버지의 묘지 위치를 아들에게 알려주지 않았습니다. 공자는 어머니의 임시 묘를 만들 수밖에 없었는데 진짜 묘지에서 장사지내듯 정성을 다했습니다. 이 일이 소문이 났는지 공자에게 감동한 노파가 아버지의 묘지 위치를 알려주었기에 공자는 부모님을 합장해 드릴 수 있었습니다.

공자가 유명해진 것은 스스로도 예상치 못했던 일입니다. 우리는 대부분 유명해지고 싶어 하잖아요. 하지만 실제로 유명해진 사람들을 보면 유명해지고 싶은 사람들과 다른 무언가가 있습니다. 바로 자기 자신에 매우 충실한 점입니다. 어머니가 돌아가시고 나서 공자는 아버지의 무덤을 찾아 오랜 세월 헤맸지만 찾을 수가 없었습니다. 드라마 〈공자춘추〉에는 공자가 어머니 관을 어깨에 메고 시장 한가운데에서 목 놓아 우는 장면이 나오죠. 누구나 그런 모습을 보았다면 눈에 띄었겠죠. 그것은 튀는 행동이 아니라 진심이 담긴 행동입니다. 진심이 담긴 행동이었기 때문에 사람들의 마음을 감동시킬 수 있었고, 아버지 무덤의 위치를 아는 사람에게 도움을 구할 수 있었죠.《논어》에서는 공자의 진심 어린 행동이 아첨하는 모습으로 오해받을 때도 있고, 튀는 행동으로 비난받기도 했습니다. 튀는 행동과 진심 어린 행동은 잘 구분되지 않지만 사람들의 마음을 움직이는 것은 진심 어린 행동이며, 자기 자신에게 집중하는 모습이라는 사실을 공자는 부모님을 장례지내면서 몸소 보여 주었습니다.

날개 잃은 공자의 끝없는 신분 추락

공자는 세상을 떠나기 직전 제자 자공에게 "나의 조상은 원래 은나라 사람이었다"라는 유언을 남깁니다. 송宋나라는 은나라의 후예가 남아 있는 곳으로 은나라와 가장 밀접했습니다. 송나라 시조인 미자微子는 은나라 왕 을乙의 큰아들이자 은나라 폭군 주왕紂王의 서형庶兄이었으니 공자 집안의 신분은 왕족이었습니다.

송나라에 살 때의 신분은 경대부였습니다. 왕족에서 갈라져 나오긴 했지만 상당히 높은 신분이었습니다. 하지만 5대조 할아버지이자 당시 국방부 장관급인 대사마 공보가 국무총리급인 태재太宰 화부독과 권력 투쟁에 져서, 가문은 몰락하고 노나라로 도피하며 사士의 신분으로 추락합니다. 아버지 추숙흘이 지방관이 되어 지위가 조금 오르기는 하지만 그나마 임종 후에는 버팀목이 사라지면서 공자의 신분이 흔들립니다.

상복을 입은 공자에게 엎친 데 덮친 격으로 위기가 닥칩니다. 노

공자, 사람답게 사는 인의 세상을 열다

나라의 권력을 장악한 상경 신분의 계씨가 노나라의 명사名士들을 초청했습니다. 연회 초청이라고는 하지만 정기적인 신분 확인 절차에 가까웠습니다. 17세 소년 공자는 계손씨에게 양해를 구할 수단이 있는 것도 아니었고 주변에 상의할 어른이 있는 것도 아니었습니다. 상복을 입은 공자는 고민 끝에 연회 참석을 결정합니다. 예禮에 어긋나는 선택을 한 것이죠. 하지만 계씨 집 문앞에서 가신家臣 양호에게 문전박대당하고 맙니다.

> "주인어른께서 초청한 사람은 사족이지 당신 같은 사람이 아니오."
> – 사마천, 《사기》, 〈공자세가〉

신분 상승의 최소 자격인 사족에서 더 떨어진다면 일반 백성의 처지가 됩니다. 공자는 옆에 아무도 없다는 사실을 절감하고 외로움에 치를 떨었습니다. 공자는 검 하나 달랑 차고 자신의 조상이 활동했던 송나라로 떠납니다. 송나라에서 공자는 조상의 옷을 입고 조상의 풍습을 체험하고 은나라의 문화를 공부했습니다. 송나라에서 공자는 19세에 계관씨라는 송나라 처녀와 결혼했고 곧바로 노나라로 돌아옵니다.

밑바닥부터 착실하게 자수성가한 젊은 시절

사람이 죽으라는 법은 없다고 했던가요? 공자를 알아본 노나라의 실권자가 있었습니다. 계손씨 버금가는 집안인 맹손씨 가문의 맹희자입니다. 《논어》에는 맹손씨 집안의 사람이 공자에게 예禮를 물었다는 대목이 여럿 보일 만큼 예를 무척 중시했습니다. 맹희자는 예에 정통한 사람이 있으면 곧바로 찾아가 배웠죠. 그는 임종을 앞두고 대부들과 자식들을 불러 놓고 유언을 남깁니다.

> "공구[공자의 이름]는 성인의 후손인데, 그 조상은 송나라에 있을 때 멸망당하였다. (중략) 내가 듣기로 성인의 후손은 비록 국왕의 지위에 오르지는 못해도 반드시 재덕才德에 통달할 자가 있다. 지금 공구는 나이는 어리나 예를 좋아하니 그가 바로 통달한 자가 아니겠느냐? 내가 죽거든 열(說, 맹희자의 아들 맹의자)을 그분에게 맡기도록 하라. 그래서 그분을 스승으로 삼고 섬기면서 예의를 익혀 그 지위를 지킬 수 있도록 하라." – 《춘추좌전》, 〈공자세가〉

《삼국지연의》에는 후한後漢의 헌제가 유비를 황숙이라 부르며 황실의 족보를 열람하는 장면이 나옵니다. 맹희자의 유언 장면과 서로 닮았죠. 노나라의 실력자인 맹손씨 집안에서 공자를 이렇게 높이 평가했다는 것은 공자의 평판에 큰 영향을 미쳤습니다.

가정을 이룬 공자가 아들을 낳았을 때 당시 임금이었던 소공으로부터 뜻밖의 선물을 받았습니다. 잉어 한 마리를 하사받은 것입니다. 그는 아들의 이름을 '잉어'를 뜻하는 '리鯉'라고 짓고, 자字 또한

'백어伯魚'라고 지었습니다. 당시 공자의 학문은 노나라에서도 명성을 얻었던 것으로 보입니다. 지금도 수능 만점자나 명문대 수석 합격자는 뉴스에 나오잖아요. 소공의 입장에서는 의례적인 선물이었을지 몰라도 공자에게는 양호에게 빼앗겼던 신분을 다시 찾은 것이나 다름없었습니다. 공자는 평생 동안 소공에게 감사의 마음을 가졌습니다.

맹희자와 소공으로부터 받은 선물은 공자의 힘으로 할 수 없는 일이며 틀림없이 운이 작용한 것이지만 예법에 대한 깊은 연구가 없었다면 효력이 없었을 것입니다. 하지만 평판은 평판일 뿐이며 선물은 선물일 뿐입니다. 공자는 여전히 가난하고 신분이 낮았습니다. 지금으로 따지면 9급 말단 공무원부터 시작해야 했습니다.

공자는 노나라 실권자 계씨의 가문에서 위리委吏라는 창고 관리자로 채용되며 공직 생활을 시작합니다. 성실히 임무에 충실하니 진급이 빨랐던 모양입니다. 얼마 지나지 않아 직리職吏라는 목축 관리자로 승진했고 가축은 번성했습니다. 하지만 공직 기간에 긴 공백이 찾아오죠. 공자의 나이 50이 되어서야 중도中都라는 고을의 지방 장관인 중도재中都宰에 올랐습니다. 중도를 다스린 지 1년만에 사방이 모두 공자의 통치 방법을 따랐을 정도로 백성의 신망이 깊었다고 기록돼 있습니다. 중도재에 이어 공사를 담당하는 중앙 관리인 사공司

空이 되었습니다. 공자가 마지막에 맡았던 공직은 대사구大司寇로서 검찰총장과 비슷한 벼슬이었습니다. 형벌과 감찰을 담당했던 관리로 신분은 대부大夫였습니다. 공자의 영어식 표현인 Confucius는 공부자孔夫子, 즉 '대부의 신분인 공 선생님'이라는 뜻입니다. 공자 이후로 선생님이나 존경하는 인물을 뜻하는 말로 '부자夫子'라는 표현이 일반화되었습니다.

동서양 할 것 없이 전통 있는 가문은 표식이 있습니다. 서양에는 문장紋章을 많이 쓰고, 고대 중국에서는 세발솥인 정鼎에 명문銘文을 새겼습니다. 공자 가문의 세발솥에는 이런 글귀가 적혀 있었습니다.

첫 번째 명에 몸을 숙이고, 두 번째 명에 허리를 굽혀 절하고, 세 번째 명에는 큰절을 한 뒤 받았다. 길을 걸을 때는 중앙을 걷지 않고 담장 가를 따라 걸었으며 누구도 감히 나를 모욕하지 않았다. 이 솥에 밥도 하고 죽도 쑤어 풀칠하며 청렴하게 살아왔다. - 〈공자세가〉

공자는 대대로 내려온 가문의 가르침에 따라 성품을 기르고, '진실과 믿음'으로 일했기 때문에 성공을 거둘 수 있었습니다. 이것이 바로 맹희자가 높이 샀던 '재덕才德'일 것입니다.

공자, 사람답게 사는 인의 세상을 열다

4
정치는 바르게
하는 것이다

이웃나라를 벌벌 떨게 한 공자의 정치

기원전 500년, 공자는 52세에 노나라의 대사구^{大司寇}에 임명되었고 재상의 일을 맡게 되었습니다. 최초의 공자 평전인 〈공자세가〉를 쓴 사마천은 이 시기를 비교적 구체적으로 기록했습니다.

공자가 정치를 맡은 지 3개월이 지나자 양과 돼지를 파는 사람들이 값을 속이지 않았다. 남녀가 길을 갈 때 따로 걸으며, 길에 떨어진 물건을 주워 가는 사람도 없어졌다. 읍에 찾아오는 여행자도 관리에게 허가를 받을 필요가 없었고, 모두 잘 접대하니 만족해하며 돌아가게 되었다.
– 사마천, 《사기세가》, 〈공자세가〉

"양과 돼지를 파는 사람들이 값을 속이지 않았다"라는 말은 공자가 이해관계가 부딪히는 재판을 지혜롭게 이끌었음을 보여줍니다. "송사를 듣고 판결하는 데 있어서는 나도 남과 다를 바 없지만, 재판까지 가지 않게 하는 게 중요하다"(안연12)는 말처럼 했다면 백성들이 어떻게 양과 돼지의 값을 속일 수 있었겠습니까. 하지만 "남녀가 길을 갈 때 따로 걸으며, 길에 떨어진 물건도 줍지 않는다"는 건 백성들이 서로 공경하는 문화가 자리 잡아야 하죠. 공자의 정치는 법률보다는 교화(교육)에서 빛이 납니다. "장엄하게 임하면 공경하고, 효도하고 자애하면 충성하고, 선한 사람을 등용하고 능력 없는 사람을 가르치면 서로 격려하여 힘쓰게 될 것입니다"(위정20)는 말처럼 했다면 정직하고 서로 공경하는 백성이 되었을 것입니다. 공자는 정치를 북극성에 비유해서 표현했듯, 마치 '하늘의 백성'을 다스리듯 공경스럽고 경건하게 정치에 임했습니다.

또한 정사를 문란케 하는 것은 '말'인데, 공자는 스스로를 '나무처럼 어눌한 사람'이라고 규정하며 '말솜씨만 좋은 사람'을 극도로 혐오했습니다.

말을 교묘하게 하고 얼굴빛을 꾸미는 사람 가운데는 어진 사람이 드물다! -《논어》, 〈학이〉

어떤 사람이 "옹은 어질지만 말은 잘하지 못한다"고 말하자 공자가

공자, 사람답게 사는 인의 세상을 열다

말했다. "말재주를 어디에 쓰겠는가? 말재간으로 사람을 주무르려 하다가는 자주 미움을 받을 것이니, 옹이 어진 것은 알지 못하겠으나 말재주를 어디에 쓰겠는가?"라고 말하였다. -《논어》, 〈공야장〉

교묘한 말재주와 친근한 얼굴빛을 뜻하는 '교언영색巧言令色'과 아첨꾼 '영자佞者'를 대표하는 인물이 대부 소정묘로 표현된 것이라고 볼 수 있습니다. 공자가 정치를 하면서 철저히 금지시켰던 것이 바로 유언비어와 교언영색이었다고 이해할 수 있습니다.

공자가 노나라의 정치를 바로 세우자 이웃나라인 강대국 제나라는 바늘방석에 앉은 것처럼 안절부절 못했습니다. 노나라의 정치가 어지러워야 제나라의 손바닥 안에 있을 수 있고, 제나라는 이를 토대로 전국에 영향력을 펼칠 수 있기 때문입니다. 오늘날에도 일본과 주변국의 관계, 미국과 주변국의 관계가 별로 좋지 않았듯 제나라와 노나라도 같은 처지였죠. 그런데 공자가 정치를 바로잡으면 노나라는 빠른 속도로 강대국이 될지도 모르고, 그렇다면 제나라와의 관계가 역전됩니다. 제나라 입장에서는 '재앙'이나 다름없죠. 제나라는 매일같이 비상대책회의가 열렸고 고심 끝에 '미인계'를 꾸밉니다. 춤을 잘 추고 아름다운 옷으로 치장한 미녀 80명과 무늬 있는 말 120필. 효과는 바로 나타납니다. 노나라의 실권자였던 계환자季桓子는 미인들에 빠져 사흘 동안 정사도 돌보지 않았습니다. 나라의 제사를 지내고 나서 대부들에게 희생 제물을 나눠 주지 않은 게 결정적이었습니다. 공자는 과감히 사표를 내고 노나라를 떠나고 맙니다.

공자의 처음이자 마지막 정치 개혁 도전

기원전 498년 제자 자로子路가 계환자의 가신에 임명되자 노나라 정치 개혁을 위해 모험을 감행합니다. 역사가들은 이 일을 '타삼도墮三都'라고 부릅니다. 당시 노나라의 세 실권자가 있었고 각자의 도읍이 성대했습니다. 계손씨의 도읍인 비費와 숙손씨의 도읍인 후邱, 맹손씨의 도읍인 성成이 주된 표적이었습니다. 타삼도 프로젝트를 이해하려면 당시 노나라의 내밀한 사정을 알아야 합니다. 계손씨, 숙손씨, 맹손씨가 당시 노나라의 실권자라고 하지만, 그들 밑에서 실무를 보는 가신들이 실세였습니다. 결국 노나라의 정치는 가신들에 의해서 좌지우지되고 있는 상황이었습니다. 공자는 가신들을 노나라에서 몰아내려고 했습니다. 〈공자세가〉에는 도읍을 허무는 장면이 숨 가쁘게 묘사돼 있습니다.

비읍의 가신인 공산불뉴와 숙손첩은 사람들을 이끌고 노나라를 습격하였다. 정공은 세 아들과 더불어 계씨의 궁으로 피신하여 계무자의 누대에 올랐다. 비읍의 사람들이 그곳을 공격하여 함락시키지는 못했으나 이미 정공의 누대 옆에까지 들어왔다. 공자는 신구수와 악기에게 명해서 격퇴하도록 하자 비땅의 백성들이 패해 도망쳤다. 노

공자, 사람답게 사는 인의 세상을 열다

나라 사람들이 그들을 추격하여 고멸에서 격파하였다. 공산불뉴와 숙손첩은 제나라로 도망쳤고, 드디어 비를 함락시켰다.

– 사마천, 《사기세가》, 〈공자세가〉

공자가 지지하는 사람은 제후였던 노나라 정공이었습니다. 정공이 대부들에게 빼앗겼던 실권을 되찾는 것이야말로 공자가 원하던 바였죠. 하지만 그건 생각처럼 쉽지 않았습니다. 양호, 공산불뉴, 손숙첩 등 이른바 가신 그룹은 정권을 호시탐탐 노리고 있었기 때문입니다. 그리고 임금, 세대부, 가신 그룹 이 외에도 숨겨진 네 번째 세력이 있었습니다. 바로 이웃나라 제나라였죠. 제나라는 가신 그룹을 은밀히 지원하며 노나라를 노리고 있었습니다. 공자에게는 적이 너무 많았습니다.

만약 공자가 세대부를 공격하면 그건 가신들을 돕는 일이 될 것이 분명하고, 가신들을 공격하면 그건 세대부를 돕는 셈입니다. 어느 것을 선택하든 정공에게 이로울 것은 없었죠. 결국 공자는 이 어려운 문제를 풀지 못합니다. 맹손씨의 본거지인 성읍을 무너뜨리는 데 실패하고 말죠. 공자의 노력에도 불구하고 정권은 여전히 계손씨 손 안에 놓이게 되었을 뿐 아니라 더욱 세력이 강해지고 말았습니다. 권력 투쟁에 실패한 세력은 큰 대가를 치러야 합니다. 공자의 의도를 알아챈 세 대부와 제나라가 압박하자 공자는 수세에 몰릴 수밖에 없었습니다.

공자는 노나라를 떠나 위나라, 조나라, 송나라, 정나라, 진나라, 채나라와 초나라 국경 지역까지 여행하며 정치적 재기를 노렸으나 어느 나라도 그를 중용하려 하지 않았습니다. 《논어》에는 공자가 정치인들에게 따돌림을 당했던 일들이 기록돼 있습니다.

위나라 영공이 공자에게 '진법陳法'이라는 전투 전략을 묻자 공자가 대답했다. "평화적인 회합에 대한 일은 들은 적이 있지만, 군대에 관한 일은 아직 배우지 못하였습니다." 이튿날 공자는 위나라를 떠났다. -《논어》, 〈위령공〉

제나라의 경공이 공자를 접대하며 말하기를 "계씨 같이는 대우하지 못하겠지만, 계씨와 맹씨의 중간 정도로 대우하겠다" 하고 다시 "내가 늙었으니 쓰지 못하겠다"고 하자, 공자가 떠나 버렸다. -《논어》, 〈미자〉

위나라 영공이 공자에게 전투 전략을 물은 것은 엉뚱해 보입니다. 공자가 그런 것을 공부하지 않는다는 사실을 모르지 않을 텐데요. 영공은 의도적으로 전쟁에 관한 질문을 함으로써 공자를 거절한 것으로 보입니다. 제나라 경공의 경우는 앞의 말의 앞뒤가 다릅니다. 중간에 개입한 사람이 있다는 걸 암시하죠. 사마천의 《사기세가》에는 제나라의 실권자 안영이 경공에게 공자에 대해서 한 말이 기록돼 있습니다. 이 기록을 보면 경공이 말을 바꾼 것을 충분히 짐작할 수 있습니다.

"지금 공자는 용모와 복식을 중시하고 번잡스러운 예절만을 따지고 세세한 절차만을 따르고 있으니 그것은 몇 세대를 지나도 아마 다 배울 수 없으며 평생 동안 그 예법을 다 마칠 수도 없습니다."
– 《사기세가》, 〈공자세가〉

제나라 임금 경공은 대부 안영의 말을 들은 다음부터는 공자에게 예를 묻지 않았습니다. 당대의 정치인들에게는 공자는 존재 자체만으로 위협이 되었습니다. 공자는 여행 도중에 때로는 포위를 당하기도 했고, 때로는 공격을 당하기도 했습니다.

공자가 말하는 바른 정치

역사와 《논어》의 기록에서 보이는 공자의 정치 철학은 한결 같은 모습입니다. 인재를 능력에 맞게 앉히면 됩니다.

애공이 물었다. "어떻게 하면 백성이 복종합니까?" 공자가 대답했다. "'곧은 사람을 굽은 사람 위에 둔다'고 했는데, 그렇게 하면 백성이 복종하고, '굽은 사람을 곧은 사람 위에 둔다'고 했는데, 그렇게 하면

백성이 복종하지 않습니다." - 《논어》, 〈위정〉

설거지를 하고 나서 식기 건조기에 순서 없이 그릇을 쌓으면 많이 쌓을 수 없을 뿐만 아니라 그릇이 부딪쳐 깨질 수 있습니다. 작은 그릇 위에 큰 그릇을 포개어 쌓으면 많이 담을 수 있을 뿐만 아니라 안정적으로 쌓을 수도 있죠. 공자가 생각하는 올바른 정치도 바로 이와 같습니다. 곧은 사람을 윗자리에 등용하면 되죠. 공자는 곧은 사람을 윗자리에 앉히는 구체적인 해결책까지 제시합니다.

중궁이 계씨의 가신이 되어 정치에 대해서 묻자 공자가 말했다. "하급 실무자를 앞세우고 작은 허물을 용서해 주며, 현명한 사람과 재주 있는 사람을 등용하면 된다." "어떻게 현명한 사람과 재주 있는 사람을 알아보고 등용합니까?" "네가 아는 사람을 등용하면 네가 모르는 사람을 남이 버려두겠는가?" - 《논어》, 〈자로〉

먼저 자신이 찾을 수 있는 가장 적합한 인물을 높은 자리에 앉힘으로써 더 나은 인물의 추천을 유도하는 정책은 바른 정치를 하는 절묘한 해법입니다. 하지만 공자가 생각하는 바른 정치는 현실에서 좀처럼 작동하지 않습니다. 방법을 못 찾아서가 아니라 의지가 없었기 때문이죠. 노나라의 대부 장문중처럼 유하혜柳下惠라는 훌륭한 인재를 두고서도 배척하는 경우가 잦았습니다. 나라에는 도道가 없

공자, 사람답게 사는 인의 세상을 열다

고, 주나라의 훌륭한 예법과 제도가 대부분 망가졌는데 어떻게 좋은 인재가 등용될 수 있겠습니까. 공자 시대에는 성인의 도를 공부하는 사람은 배척 당하고 멸시와 조롱을 받았습니다. 《논어》 첫 머리는 엄혹한 시대 상황이 진하게 배어 있습니다. 요컨대 '학문의 즐거움'이 아니라 '그럼에도 불구하고 학문을 해야하는 까닭'이 핵심이죠. 각국의 정치가 무너지자 인재들은 살길을 찾아서 도망가기 바빴습니다.

> 태사太師인 지는 제나라로 가고, 아반亞飯인 간은 초나라로 가고, 삼반三飯인 요는 채나라로 가고, 사반四飯인 결은 진나라로 가고, 북치는 사람인 방숙은 하내로 들어가고, 작은북을 흔드는 사람인 무는 한중으로 들어가고, 소사少師인 양과 경磬을 치는 양은 해도로 들어갔다.
> -《논어》, 〈미자〉

고대의 천자와 제후는 식사할 때 악단이 시중을 들었습니다. 끼니마다 악관이 음악을 연주하여 식사 분위기를 돋우었죠. 하지만 예악禮樂이 망가지자 악관들은 사방으로 흩어지거나 살길을 찾아 달아나고 말았습니다. 당시에는 나라를 다스린다는 개념보다는 권력을 차지하고 빼앗는 탐욕이 더 강했기 때문에 공자는 위험할 수밖에 없었습니다. 탐욕의 정치에 물든 사람의 눈으로 볼 때 공자의 '바른 정치'는 자신에 대한 위협으로 느껴졌을 테니까요.

5
군자에는 못 미쳐도
뜻이 굳고 결벽한 사람들

너무 자신만만했던 공자의 보디가드 자로

　사람은 누구나 결함이 있습니다. 공자 역시 결함이 있는 사람이었고 감정적으로 불안정했습니다. 하지만《논어》의 곳곳에는 공자와 제자의 사랑이 가득했습니다.《논어》에서 공자와 제자들의 대화를 따로 모아 놓는다면 온전한 '사랑 이야기'가 됩니다. 공자의 많은 제자 중에서도 가장 공자를 닮고 '페르소나(persona, 고대 그리스어로 '가면'을 뜻함)'라고 할 수 있는 세 명의 제자를 소개합니다. 공자의 페르소나라고 할 수 있는 세 명의 제자에 수제자 안연은 들어가지 않습니다.

　공자가 자공에게 물었다. "너와 안회 중에서 누가 나으냐?" 자공이 대답했다. "안회는 도저히 당할 수 없는 사람입니다. 안회는 하나를 들으면 열을 아는데 저는 하나를 들으면 둘을 알 뿐입니다." 공자가 말했다. "그렇다, 너뿐만 아니라 나도 당할 수 없는 사람이다."

–《논어》,〈공야장〉

안회는 공자가 이상향으로 생각했던 제자로서 공자 자신보다 훌륭하다고 칭찬했지만 요절하고 말았습니다. 공자를 가장 닮은 제자는 자로였습니다. 자로는 공자와 아홉 살 차이였으니 제자 중에서는 가장 연장자였습니다.《논어》에서는 유由, 중유仲由, 계로季路 등의 호칭으로 불립니다. 자로는 '학생회장'처럼 스승과 격돌할 때가 많았지만 공자가 터놓고 속마음을 밝힐 수 있는 몇 안 되는 제자이기도 했습니다. 자로가 죽었을 때 공자가 남긴 말을 보면 제자를 얼마나 사랑했는지 알 수 있습니다.

"내가 자로를 제자로 삼은 뒤로 남의 험담을 듣지 않았거늘."

–《사기열전》,〈중니제자열전〉

자로는 곧고 거칠고 자신만만한 사나이입니다. 공자는 그런 기백과 성품이 참 마음에 들었어요.《논어》에서는 스승에게 함부로 말하고, 대들고, 조롱하고, 스승에게 자주 혼나는 장면이 많이 나옵니다. 자로가 나오는 부분만 따로 놓고 보면 연극을 보는 것처럼 재밌습니다. 자로는 농민 출신답게 성격이 거칩니다. 역경을 만나면 무서운 의지력을 발휘해 뚫고 나가죠. 당시 농민들은 풍년에는 무거운 세금에, 흉년에는 기근에 시달렸고 안전장치란 없었습니다. 도시 바깥, 외곽 지대나 들판에 사는 사람들은 정책에서도 소외되기 일쑤였죠. 자로는 이들을 대표합니다. 공자는 제자 자로가 잘되기를 바랐어요. 다른 제자들에 비해서 약점이 너무 잘 보이는 자로를 보면 잔소리를 안 할 수 없었을 것입니다. 자로의 구멍을 메우려는 스승의 따뜻한 마음이 느껴지는 대목을 소개합니다.

"한쪽의 말만 듣고 판결을 내릴 수 있는 사람은 자로가 아닐까?" 자로는 지키지 않고 묵혀 둔 약속이 없었다. "소송을 듣고 판결 내리는 것은 나도 남과 같지만, 소송하는 일이 없도록 노력하는 것이야말로 중요한 것이다." - 《논어》, 〈안연〉

공서화가 물었다. "자로가 들은 것을 바로 실행해야 하느냐고 물을 때 스승님께서는 아버지와 형님이 계시다고 말씀하셨고, 염구가 들은 것을 바로 실행해야 하느냐고 물을 때 스승님께서는 들은 것을 바로 실행하라고 말씀하셨습니다. 저는 어떤 것이 맞는지 헷갈립니다." 공자가 대답했다. "염구는 뒤로 물러나기 때문에 앞으로 나아가게 한 것이고, 자로는 다른 사람 몫까지 해치우기 때문에 뒤로 물러나게 한 것이다." - 《논어》, 〈선진〉

증석이 물었다. "스승님께서는 왜 자로의 말에 코웃음을 치셨는지요?" 공자가 답했다. "나라를 다스리는 것은 양보의 정신인데, 그의 말에는 양보가 없었다. 그래서 코웃음을 친 것이다." - 《논어》, 〈선진〉

자로는 평생 공자의 가르침을 받으며 스스로를 가다듬었고 "어떤 가르침을 받고 나서 아직 실행하지 못한 것이 있으면 다른 것을 들을까 두려워"했습니다.〈공야장〉 공자는 난세에 자로의 곧은 성품이 화를 부르지 않을까 노심초사했습니다. 자로의 당당하고 굳센 모습이 든든하면서도 "중유(자로)와 같이 행동하면 제 명에 못 죽을 것이다.〈선진〉라고 걱정하기도 했습니다. 다른 제자들은 공손하고 엄숙하며 또 자유롭고 편안한 데 비해 자공은 보디가드처럼 위풍당당하게 행동했으니까요. 결국 위나라에서 정변이 벌어졌을 때 자로는 자신의 임금을 끝까지 지키려다 반란군에게 비참하게 살해되었습니다.

자로가 죽기 전에 남긴 "군자는 죽더라도 관을 벗지 않는다"《사기열전》, 〈중니제자열전〉는 말은 유명합니다. 계자연의 물음에 "아버지와 군주를 해치는 일에는 결코 따르지 않을 것입니다"〈선진〉라고 답한 공자의 말처럼 자로는 목숨으로써 의롭지 못한 쿠데타를 반대하고 군주에 대한 의리를 지켰습니다. 공자의 제자들은 자로에게 큰 빚을 진 셈입니다. 아들 리와 수제자 안회의 죽음에 가뜩이나 충격을 받았던 공자는 자로의 죽음이 겹치자 견디지 못하고 세상을 뜨고 말았습니다.

두뇌 회전이 빠르고 말을 잘했던 자공

자공은 공자의 복심이라고 할 수 있을 정도로 공자의 마음을 깊이 이해하는 인물입니다. 다른 제자들이 도저히 파악할 수 없었던 스승의 속내를 명쾌하게 꿰뚫어보았습니다. 예컨대 기원전 492년 위衛나라에서 공자가 어떤 정치적 선택을 할 것인지 제자들은 궁금했습니다. 당시 위나라에서 출공出公이 즉위했고 국외 망명 중인 출공의 아버지 괴외(蒯聵, 아들 출공을 내쫓고 스스로 장공에 올랐음)가 있었습니다. 염구는 스승이 위나라를 떠나기로 한 계획을 취소하고 계속 체류하면서 출공을 도울 것인지 알고 싶었지만 대놓고 물어볼 수 없는 상황이었습니다. 언변이 좋기로 유명한 자공은 자신이 직접 스승의 의중을 살펴보겠다고 나섭니다.

자공이 스승의 방에 들어가 물었다. "백이와 숙제는 어떤 사람입니까?" "옛날의 현인이시다." "원망했습니까?" "인을 추구하다가 인을 얻었는데, 또 무엇을 원망했겠느냐?" 자공은 방을 나와 말했다. "선생님께서는 그렇게 하지 않으실 것입니다." -《논어》, 〈술이〉

백이와 숙제는 비타협주의자로 유명했습니다. 은나라를 정벌하러 가는 무왕의 행렬을 멈춰 세우고 의리를 저버리는 일이라며 따져 묻기도 했었고, 주나라에서 나는 곡식을 먹지 않겠다고 수양산으로 올라가 굶어 죽었기 때문입니다. 백이숙제에 대한 공자의 입장을 들은 자공은 스승의 노나라행이 취소되지 않을 것이라고 확신했습니다. 하지만 이렇게 두뇌회전이 빠르고 언변이 좋았던 점이 공자의 걱정이었습니다. 말이 많으면 바닥이 곧 드러나기 때문이죠.

자공이 군자에 대해서 묻자, 공자는 이렇게 대답했다. "말하려는 것을 먼저 실천하고 그다음에 말이 행동을 따르도록 하여라."
-《논어》,〈위정〉

자공이 말했다. "다른 사람이 나에게 하기를 바라지 않는 것을 나역시 다른 사람에게 하지 않으려고 합니다." 공자가 말했다. "자공아, 그것은 네 능력이 미칠 수 있는 것이 아니다."-《논어》,〈공야장〉

공자가 자공의 빠른 두뇌 회전과 말재간을 위험하다고 본 까닭은 기준을 세우고 일을 추진해 나갈 때 이런 자질들이 장애가 될 수 있기 때문입니다. "자공은 가르침에 투철하지 않고 재산을 늘리는 데 지혜를 썼으며, 예측한 것이 자주 맞아떨어졌다"《논어》,〈선진〉라는 기록은 자공의 특징을 잘 보여 줍니다. 안회는 타고난 지혜를 공자의 가르침에 따라 안빈낙도하는 데 썼지만 요절했고, 자공은 재주를 돈 버는 데 썼지만 오래 살아 스승의 무덤을 6년이나 지켰다는 것도 아이러니한 대목입니다. 하지만 공자가 자공의 자질을 안 좋게만 본 것은 아닙니다. 공자도 이를 즐겼음을 보여 주는《논어》의 구절이 참 많거든요.

　　자공이 말했다. "여기에 아름다운 옥이 있다면 궤 속에 넣어 감추어 두시겠습니까? 좋은 상인을 구하여 파시겠습니까?" 공자는 "팔아야지, 팔아야지! 나는 좋은 상인을 기다리는 사람이다"라고 대답했다. -《논어》, 〈자한〉

　　자공이 정치에 대해서 묻자 공자가 말했다. "양식을 풍족하게 하는 것, 군대를 풍족하게 하는 것, 백성들이 신뢰하는 것이다." 자공이 말했다. "만약 부득이 한 가지를 버려야 한다면 셋 중 어느 것을 먼저 버려야 합니까?" "군대를 버린다." 자공이 말했다. "만약 부득이 한 가지를 더 버려야 한다면 둘 중 무엇을 먼저 버려야 합니까?" "양식을 버린다. 예로부터 누구나 죽지만 백성들의 신뢰를 얻지 못하면 서지 못한다." -《논어》, 〈안연〉

　　자공의 질문법은 본받을 만합니다. 질문을 검토하고 좋은 질문으로 바꾸는 것만으로도 꽉 막혔던 문제가 저절로 풀리는 일이 많으니까요.

　　공자는 중국 여러 나라를 여행하며 많은 사람들을 만나 대화를 나눴지만 제자들과 가장 많은 대화를 했습니다. 공자가 왜 제자들과 더 많은 대화를 나눴을까요? 당시 국가 지도자들이나 원로들은 공

　　　　　　　　　　공자, 사람답게 사는 인의 세상을 열다

말이 통하지 않아 답답했습니다. 생각도 굳어 있어서 대화할 재미도 없었을 것입니다. 하지만 젊은이들은 그렇지 않았죠. 사고가 유연하고 주장이 과감해서 당황할 때도 있었지만, 공자는 젊은이들과의 대화에서 희망을 발견했습니다. '새로운 시대'에 대한 희망을. 자공은 '새로운 사고방식'을 대표하는 젊은이였습니다.

> 자공이 초하루를 고하는 희생양을 없애려고 하자 공자가 말했다.
> "자공아, 너는 그 양을 아끼느냐? 나는 그 예를 아낀다."
> ―《논어》, 〈팔일〉

　사회 현상과 관련해서 스승 공자와 제자 자공의 이 대화는 깊은 의미가 있습니다. 당시 천자의 권위는 유명무실해서 역서도 나눠주지 않고 이를 기념하는 '곡삭告朔' 제사도 유명무실해진 상황에서 애먼 양만 죽여대고 있으니 자공이 봤을 때 쓸데없는 일이었습니다. 하지만 공자의 생각은 달랐습니다. 예가 유명무실해졌지만 이를 없애면 되돌릴 수 없기에 안타까워했던 것입니다. 공자는 옛 제도를 회복해서 나라가 잘 다스려지면 다시 한 번 제대로 초하루 예를 지내는 걸 꿈꿨는지도 모릅니다. 자공과 공자의 대화를 통해 우리는 젊은 생각과 성숙한 생각이 아름답게 어울리는 모습을 볼 수 있습니다.

현대인에 가장 가까웠던 제자 염구

"구(염구)는 이제 내 제자가 아니다. 너희는 북을 치며 구를 공격해도 좋다." –《논어》,〈선진〉

"능력이 부족한 사람은 중도에 그만두는데, 지금 너는 선을 긋고 있다." –《논어》,〈옹야〉

만약에 염구가 대한민국에 태어났다면 그는 부자가 되었거나 높은 지위에 올랐을지도 모릅니다. 정치 실무도 잘 처리했고 군사 지휘도 잘했고 수완이 좋았지만, 무엇보다도 상사의 의중을 정확히 파악해 그에 맞게 행동했기 때문입니다. '빵 어느 쪽에 버터가 있는지 안다'라는 서양의 격언처럼 염구는 스승의 가르침보다는 이익을 얻거나 불이익을 피할 수 있는 쪽을 선택했습니다. 옳은 방향에 대한 입장도 없었고, 상사의 불합리한 지시에 맞설 용기도 없었습니다. 상사의 입장에서는 마치 '입 안의 혀'처럼 달콤했겠지만, 스승에게는 '목구멍의 가시'처럼 아팠겠죠. 공자는 이 부분을 고쳐 주려고 했지만 염구는 둘러대기만 할 뿐 스승의 말을 진지하게 받아들이지 않았습니다. 공자 입장에서는 마치 벽을 보는 듯한 답답함을 느꼈을 것입니다. 결국 '그는 나의 제자가 아니다'는 선언을 할 만큼 파국으로 이어질 수밖에 없었습니다.

공자, 사람답게 사는 인의 세상을 열다

염구가 말했다. "사실은 계씨가 (전유의 정벌을) 주장하고 있는 것이고 저희 두 사람은 찬성하지 않았습니다." 선생께서 말씀하셨다. "염구는 잘 들어라. 주임(周任, 옛날의 훌륭한 사관이라는 설이 있으며 《춘추좌전》〈은공 6년〉에 나옴)이 이런 말을 했지. '온 힘으로 직무를 다하고 잘할 수 없으면 그만둔다.' 위험이 닥쳤는데도 도와주지 않고, 넘어졌는데도 부축하지 않는다면, 신하를 써서 무엇 하겠느냐?" (중략) 염구가 말했다. "지금 전유는 견고하고 비읍에 가깝습니다. 지금 빼앗지 않으면 후세에 분명히 자손들의 근심거리가 될 것입니다." 공자가 말했다. "염구야, 군자는 자기가 하고 싶어 한다는 것을 인정하지 않은 채, 꼭 이유를 찾아 변명하려 하는 그런 말투를 싫어한다." -《논어》, 〈계씨〉

염구가 조정에서 돌아오자, 공자가 물었다. "무슨 일로 늦었느냐?" 염구가 대답했다. "정무가 있었습니다." 공자가 말했다. "사적인 일이었겠지. 만약 나라에 정무가 있었다면, 비록 내가 관직을 맡고 있지는 않지만, 나도 아마 참여하여 그것을 들었을 것이다." -《논어》, 〈자로〉

공자의 제자들은 조정의 관리가 되면 스승에게 업무를 보고했습니다. 염구의 퇴근이 늦자 공자가 물었지만 염구는 둘러댔죠. 공자는 계씨 집안의 사적인 일로 의논을 했지만 누설하기 곤란해서 말하지 않은 것이라고 의심했습니다.

공자의 제자 중에서 염구는 가장 현대인에 가까운 인물입니다. 염구는 직장인이며 생활인이고, 부양해야 할 가족도 있었습니다. 안회처럼 스승에게 인정을 받는 것도 아니고, 자로처럼 많은 사람들의 신망을 받는 것도 아닙니다. 자공처럼 재테크도 잘하고 언변도 뛰어나지 않습니다. 부지런히 일하고 상사의 인정을 받아 이제 조금 먹고살 만해졌을 뿐이죠. 대부분의 사람들이 그렇게 삽니다. 하지만 공자의 가르침대로 산다면 투사가 되거나 구도자가 되어야 합니다. 염구를 비난하기는 쉽지만, 염구를 비난하는 말처럼 살기는 어렵습니다. 그래도 염구는 나름대로 열심히 일하고 목숨 바쳐 싸워서 공자를 귀국시키는 데 공을 세웠습니다. 나름대로는 최선을 다한 것이죠. 도덕적 용기라는 건 그만큼 실천하기 어렵습니다. 염구라는 현대적이고 입체적인 인물에 대해서 이해하려고 노력한다면《논어》를 현대적인 시각으로 읽는 데도 도움이 될 것입니다.

《논어》에는 염구와 공자의 불편한 대화가 자주 나옵니다. 공자는 제자의 모습에 여러 번 실망하지만 어떻게든 가르치려고 애씁니다. 마치 술래잡기하듯 공자는 붙잡으려고 하고, 제자는 도망치려고 하는 모습은 보는 사람을 안타깝게 합니다. 반대로 어떻게 해서든 스승을 노나라의 정계에 진출시키려고 염구는 전쟁도 참전하고 궂은일을 도맡았지만, 정작 고위층과 면담을 주선해 놓으면 공자는 입바른 소리로 소중한 기회를 차 버렸죠. 공자와 자로, 자공, 염구의 이야기는 마치 '이루어질 수 없는 사랑'처럼 애간장을 온통 들끓게 만듭니다.

공자, 사람답게 사는 인의 세상을 열다

6
나는 열다섯에
공부하기로 마음먹었다

공자는 어째서 공부를 잘했을까?

공자는 공부로 세상을 바꾼 사람입니다. 공자의 공부에 뜻을 함께 한 제자들이 중국 곳곳에서 활약하며 정치 문화를 바꿨고 학문 전통까지 만들었으니까요. '공부'가 무엇인지 세상에 보여 준 이후로 뜻 있는 젊은이들이 모두 공부를 했으니 공자야말로 공부의 아버지입니다. 공자 스스로도 "인적이 드문 마을에서도 나만큼 성실한 사람은 있을지 모르겠지만 나처럼 공부하기 좋아하는 사람은 없을 것"《논어》, 〈공야장〉이라고 이야기한 적도 있습니다.

저도 공자에게서 공부하는 방법을 배웠고 공부에 대해서 깊이 생각할 수 있었습니다. 공자는 '공부의 기술'을 가르쳐 주지는 않습니다. 하지만 공부에서 가장 중요한 부분을 가르쳐 주죠. 이것을 우리는 '학습 동기'라고 부릅니다. 공부는 마음이 하는 것이니까요. 공부하기로 마음먹었다는 것은 공부하는 이유를 알았다는 뜻입니다. 여러분은 공부를 하는 이유를 알고 있나요? 공부를 하는 것보다 어려운 것은 공부를 하는 이유를 아는 것이고, 이 공부를 가지고 무엇을 할 것인지 아는 것입니다. 공부하는 이유도 모르고, 공부를 해서 무엇에 쓸지 알지 못하면 당연히 재미가 없죠. 원하는 대학에 합격하거나, 원하는 회사에 취직하거나, 원하는 자격증을 취득하는 순간 공부가 끝나는 경우가 얼마나 많나요? 이런 공부를 논어에서는 위인지학(爲人之學, 남에게 보여주기 위한 학문)이라고 부릅니다.

우리 사회에서는 그럴듯한 직업을 가지기 위해서는 공부를 해야 합니다. 공부를 해서 성취한 직업이기에 당당해야 합니다. 얼마 전 미국에서는 귀가하던 한 흑인 하버드대학 교수를 경찰이 도둑으로 오해해서 체포한 사건이 있었습니다. 미국 전역에서 인종차별 논란이 불거졌고, 당시 대통령이었던 버락 오바마는 '경찰의 멍청한 행동'이었다고 공개 비난 했습니다. 논란의 당사자였던 경찰은 라디오 인터뷰에서 "오바마 대통령은 동네일에 참견하지 말고 빠져있어 달라"고 쏘아 붙였습니다. 이 사건은 오바마 대통령의 '맥주 만남 초청'으로 화기애애하게 풀렸지만 인상적이었습니다. 직업 경찰이 최

공자, 사람답게 사는 인의 세상을 열다

고 권력자인 대통령에게 당당한 모습을 보여 주었고, 그런 발언을 할 수 있는 문화가 보기 좋았습니다. 공부를 한다는 것은 단지 직업이나 학업을 얻기 위한 수단이 아니라 자기 자신에게 당당하기 위해서 하는 것이죠. 시험 합격 점수에 도달해서 직업을 갖는 게 아니라 직업인으로의 자격을 공부로서 증명하는 것입니다.

직업상 알게 된 기업이나 국가의 비리를 고발하는 것을 '내부 고발'이라고 합니다. 거대한 기관의 비리는 무척 은밀하기 때문에 일반인이 알기가 어렵고 '내부자'여야 합니다. 우리나라에서는 가끔 내부 고발 사건이 일어납니다. 내부 고발을 한 사람은 '영웅 대접'을 받습니다. 한편, 기업이나 정부 내의 내부 고발자 색출 작업도 집요하게 이루어집니다. 그만큼 위험하고 용기가 필요한 일이죠. 하지만 내부 고발자가 영웅 대접을 받는다는 것은 그만큼 드물다는 말이기도 합니다. 이 주제는 공자와 제자 자로, 염구의 대화에서 꾸준히 보입니다.

"큰 신하(큰 일꾼)란 올바른 방법으로 윗사람을 설득하다가 받아들여지지 않으면 사표 내고 돌아갑니다."-《논어》, 〈선진〉

위태로운데도 붙들지 아니하고 넘어지는데도 붙들지 않는다면, 장차 저 재상을 어디에 쓰겠느냐? -《논어》, 〈계씨〉

"군자는 기계 부품이 아니다"《논어》, 〈위정〉라는 말처럼 공부를 하는 사람은 마치 별처럼 세상에 자신의 존재를 뚜렷하게 보여 줍니다. 어려운 공부를 해서 고위 관직에 오른다고 하더라도 윗사람의 부당한 명령에 굴복한다면 어떻게 될까요? 한 사람을 공부시키기 위해서 얼마나 많은 사람들이 도움을 주는지를 생각한다면 공부로서 보답을 해야 할 의무가 있습니다.

공자가 말하는 공부의 우선순위

《논어》를 읽으면 그 말이 담백하면서도 뜻이 깊다는 걸 느낄 수 있습니다. 그것은 공자가 말을 잘해서가 아니라 실천이 바탕을 이룬 말이기 때문입니다. 공자는 실천이 밑받침되지 않은 말을 인정하지 않았고, 말만 번지르르하게 잘하는 사람을 매우 싫어했습니다. 그것은 공자 학당의 전통이었습니다. 공부에서도 최우선 순위는 '행동'과 '실천'에 관한 공부였습니다.

"젊은이들은 집에 오면 효도하고 밖에 나가면 공손하며 삼가고 미덥게 하며, 널리 사람을 사랑하되 어진 사람과 친해야 하니, 그렇게 실천하고 남은 힘이 있으면 글공부를 한다."-《논어》, 〈학이〉

"너희가 많이 배워 지식을 넓히고 예를 실천함으로써 지식을 매듭지을 수 있다면 아마도 학문의 중심에서 벗어나지 않았다고 할 수 있

을 것이다."-《논어》,〈안연〉

그렇다면 공자에게 '공부를 잘한다는 것'은 어떤 의미일까요? 실천을 잘한다는 것입니다. 공부의 내용이 행동으로 반영되려면 공부가 지식에 머물러서는 안 됩니다. 만약 약한 이를 도와주고 강자의 부당함에 맞서 싸우는 것이 정의라고 배웠다면 일상에서 공부 내용을 실천해야 합니다. 그리고 자신의 일상을 돌아보면서 공부한 내용과 거꾸로 행동하고 있는건 아닌지 반성해야 하죠. 이 과정은 얼핏 보면 옛날 선비나 할 만한 구식 방법이라고 생각하기 쉽지만 그렇지 않습니다. 우리는 세상에서 많은 사람들을 만나고 말과 행동을 나눕니다. 처음 만난 사람이 보여 준 인상이라든지 행동을 보면서 그 사람을 판단할 때가 많습니다. 그 사람이 지식이 많다는 것을 어떻게 아나요? 관련 주제를 가지고 대화를 나누어야 알 수 있죠. 하지만 사람에게는 그렇게 많은 시간적 여유가 주어지지 않을 때가 더 많습니다. 짧은 순간에 보이는 모습을 가지고 판단할 때가 많죠. 이럴 때 공자의 실천 우선 공부법은 좋은 평판을 얻는 데 큰 도움이 됩니다. 그 사람이 공부가 되었는지, 그렇지 않은지를 판단하는 기준은 일상에서 보여 주는 모습일 수밖에 없습니다.

애공이 물었다. "제자들 중에 배우는 것을 좋아하는 사람은 누구입니까?" 공자가 대답했다. "안회라는 제자가 있었는데 배우기를 좋아하고, 다른 사람에게 화풀이하지 않고, 같은 잘못을 되풀이하지 않았습니다. 그러나 불행히도 일찍 죽었습니다. 지금은 그가 없고, 배우기 좋아하는 사람이 있다는 말은 듣지 못했습니다." - 《논어》, 〈옹야〉

애공과 공자의 대화는 당시 사람들이 공부에 대해서 어떻게 생각하고 있었는지 흥미롭게 보여 줍니다. 공자가 말한 공부는 어쩌면 매우 낯설지도 모릅니다. 우리가 일상에서 말하는 '공부'와는 왠지 달라 보이니까요. 저는 공자의 공부법을 통해 청소년들이 '공부'에 대한 개념을 조금 더 넓히기를 바랍니다. 그것이 진짜 공부니까요. 공부는 혼자 하는 것이지만, 그 결실은 매우 많은 사람이 나눈다는 점에서 '공공자산'입니다.

프로게이머에게는 게임이 공부이고, 축구선수에게는 축구가 공부입니다. 축구선수는 매일 축구 연습을 하는데, 그것도 공부입니다. 공부를 열심히 한 축구선수는 매우 멋진 경기력을 보여 주기도 하고, 월드컵 같은 큰 대회에서 성과를 냄으로써 국가에 큰 도움이 될 때가 있습니다. 학교 시험을 잘 치기 위한 공부와 명문 대학에 가기 위한 공부는 공부의 하급 기술 중에 하나일 뿐입니다.

공자, 사람답게 사는 인의 세상을 열다

7
시 300편을 외우는 사람이
정치도 외교도 못한다면 헛공부

한가한 귀족놀이에 경종을 울린 공자

"그에 맞는 지위에 있지 않으면 그에 맞는 정치를 펼치지 않는다."

–《논어》, 〈태백〉, 〈헌문〉

동양의 전통적인 정치관은 지위가 있어야 성인聖人의 반열에 들수 있다는 것입니다. 이런 관점에서 보면 공자는 성인이 아니죠. 공자 스스로도 성인이 아니라고 생각했습니다.《춘추》와《시경》등의 편찬에 관여하면서도 성인의 일을 자신이 주제 넘게 하고 있다는 부담감을 느꼈습니다. 하지만 후세 사람 그 누구도 공자가 성인이라는 사실을 부정하지 않습니다. 그렇다면 위의 말을 어떻게 이해해야 할까요? "천하에 도道가 있으면 일반 백성들이 정치에 대해서 왈가왈부하지 않는다"《논어》, 〈계씨〉)는 말을 보면 정치란 특정한 지위와 전문성을 갖춘 사람만이 할 수 있는 전유물처럼 보입니다. 과연 이것이 공자의 진심일까요? '그에 맞는 지위에 있지 않는 사람'은 당시 귀족들의 나태와 안일함을 질타한 말로 해석할 수 있습니다.

> "팔일무八佾舞를 자기 집 뜰에서 추게 했는데, 이것을 감히 할 수 있다면 어떤 것인들 감히 못할까." -《논어》, 〈팔일〉

> "'제후들은 제사를 돕고, 천자는 말없이 엄숙하시네'라는 노래를 어찌 세 대부의 대청에서 가져다 쓴다는 말인가?" -《논어》, 〈팔일〉

공자가 활동하던 노나라의 권력을 쥐고 있는 사람은 임금이 아니라 대부 계씨였습니다. 예법에 따르면 계씨는 팔일이 아니라 '사일四佾'을 춰야 하건만 천자만이 할 수 있는 팔일을 자기 마당에서 대낮에 버젓이 하고 있으니 공자가 분노한 것입니다. 노나라는 제후국이므로 임금은 육일六佾에 머물러야지 팔일을 갖춰 놓은 것 자체가 큰 잘못입니다. 대부인 계씨 입장에서 '임금도 천자의 춤을 추는데 우리라고 못할까' 하는 생각이 들었을 수도 있습니다. 공자 이전의 왕과 귀족들은 마음 내키는 대로 나라의 재산을 독차지하고 백성들을 장기판의 말처럼 함부로 썼다 버리는 행태를 보였습니다.

애공이 유약에게 물었다. "올해 기근이 들어서 재정이 부족하니 어떻게 할까요?" 유약이 대답했다. "어찌 철법(撤法, 수입의 10분의 1을 세금으로 거두는 법)을 쓰지 않으십니까?" "십 분의 이도 오히려 부족한 실정인데, 어찌 철법을 쓰겠습니까?" 유약이 대답했다. "백성이 부족하면 임금께서 누구와 더불어 부족하겠으며, 백성이 부족하면 임금께서 누구와 더불어 풍족하겠습니까?" -《논어》, 〈안연〉

"계씨가 주공보다 부유하였는데도 염구가 그를 위해 세금을 모으고 걷어서 더 늘려 주는구나." 공자가 계속해서 말했다. "나의 제자로서 할 짓이 아니다. 얘들아, 북을 울리며 비난하는 것이 옳다."
-《논어》, 〈선진〉

애공과 공자의 제자 유약의 대화를 보면 세금에 대한 생각 차이를 알 수 있습니다. 애공은 '자신의 재정'을 말한 반면, 유약은 '국가의 재정'을 말했죠. 애공의 말을 자세히 해석하면 왕실에서 쓸 비용이 부족한데 흉년이 겹쳐서 걱정하고 있습니다. 나라가 애공의 소유물이라는 사고방식이죠. 계씨는 더 심합니다. 이미 재산이 넉넉한데도 백성들을 쥐어짜고 있습니다. 계씨에게 세금이란 재산 축적의 도구이죠. 이렇게 제멋대로 세금을 늘리면 열심히 일해서 먹고사는 백성들은 엄청난 고통을 겪죠. 참다못한 백성들이 항의를 하면 잔인하게 진압해서 입을 틀어막아 버렸습니다.

공자는 당시 지도층의 도덕적 해이와 정치가 무너진 현실, 그리고 백성들이 겪는 고통을 하나도 빠짐없이 목격했을 뿐 아니라 어떻게 이것을 해결해야 할지 고민에 고민을 거듭했습니다. 《논어》에 기록된 말들을 보면 공자는 시대의 의사처럼 정확하게 병을 진단하고 치료하려고 시도했다는 것을 알 수 있습니다. 하지만 우리는 '공자님 말씀' 같은 편견을 가지고 한가하게 《논어》를 읽고 있었습니다. 공자가 한가한 정치에 경종을 울렸듯이 '한가한 논어 읽기'에도 경종을 울려야 합니다.

공자 이전의 지도자와 공자 이후의 지도자

"한마디의 말로 나라를 일으킬 수 있다고 하는데, 그런 게 정말 있습니까?." - 《논어》, 〈태백〉, 〈자로〉

노나라의 임금 정공定公이 공자에게 한마디 말로 나라를 일으킬 수 있는지 물었습니다. 무리한 질문이었다고 생각했는지 공자도 말머리에 '말은 그런 것을 약속할 수 없기는 하지만'이라고 단서를 달았죠. 공자는 당시의 유행어인 '임금 노릇하기가 어려우며 신하 노릇하기가 쉽지 않다'였습니다. '그에 맞는 지위'라는 건 자리에 부끄럽지 않은 성과를 보여 줘야 하는 막중한 자리이기에 이것을 확실히 이해하는 것이 정치에서 가장 중요하다는 뜻입니다.

"집 대문을 나서면 언제나 큰 손님을 맞이할 때처럼 마음을 긴장하며, 백성을 부릴 때는 언제나 큰 제사를 지내는 것처럼 태도를 엄숙히 한다"《논어》,〈안연〉는 말도, "나보다 뒤에 태어난 사람들은 두려울 만하다"《논어》,〈자한〉도 같은 맥락입니다.

'두려워할 줄 아는 마음'을 '경의 정신'이라고 합니다. 일정한 지위와 위치에 있는 사람은 자신에게 주어진 책임을 온전히 다할 줄 알아야 한다는 것이죠. '경敬'이라는 한자의 어원을 보면 큰 가면을 쓰고 신 앞에 엄숙히 제사를 드리는 모습을 본땄습니다. 신 앞에 서 있으니 행동이나 절차가 잘못되지 않을까 두려운 마음을 가지는 것이죠. 백성을 조상이나 신처럼 바라보고 백성을 다스리는 지도자를 제사를 모시는 제관祭官으로 생각한다면 정치가 어지러울 리가 없습니다.《논어》에서 공자는 정자산을 공경의 대명사로 칭찬했습니다.

기원전 584년 노나라의 동남東南쪽에 위치한 이웃나라였던 담나라에 강대국 오나라가 침공해 왔습니다. 오나라는 그때만 해도 오랑캐 취급을 받고 있던 나라였고, 담나라는 노나라와 가까운 문명국이었습니다. 하지만 힘이 약한 담나라가 오나라를 당해 낼 재간이 없었습니다. 결국 담나라는 오나라의 요구 조건을 들어주는 굴복 협상을 할 수밖에 없었습니다. 노나라는 이 문제를 무척 심각하게 보고 있었습니다. 남의 일이 아니니까요. 당시 노나라의 실권자였던 계문자는 "중원의 여러 나라들이 군사를 정비하지 못해 오랑캐가 침공하

는 일이 잦아지고 있다. 하지만 이를 걱정하는 사람은 없으니 이것
은 리더십을 발휘하는 나라가 사라졌기 때문이다"라고 한탄을 했죠.
윗사람이 선하지 않는데 어떻게 혼란을 피할 수 있겠는가 하는 통렬
한 비판 끝에 "우리나라는 곧 망하고 말 것이다"라는 말까지 쏟아냈
습니다. 이에 대한 역사가의 한 줄 평가가 인상적입니다.

"이렇게 경계하여 두려워할 줄 안다면 결코 망하지 않을 것이다."
– 《춘추좌전》, 〈노성공〉

"어떻게 할까? 하고 고뇌하지 않는 자는, 나도 어찌할 수가 없다"
《논어》, 〈위령공〉는 말처럼 자기 자신에 대해서 진지하게 고민하고 사회
의 구성원으로서 자기가 해야 할 책임에 대해서 끊임없이 돌아보는
습관은 공자의 말과 가르침에서 떠나지 않는 원칙과도 같은 것이죠.

공자는 구신具臣, 즉 자리만 채우는 신하를 사라지게 하는 데 인
생을 걸었습니다. 만약 자신보다 능력이 뛰어난 인재가 있다면 당
연히 그에게 자리를 양보해야 한다는 것이 공자의 생각이었습니다.
공자는 중국의 역사와 문학을 공부하면서 당시의 인물들과 현상들
을 비교하는 걸 잊지 않았습니다. 특히 '지위'의 무게를 잘 견딘 인
물은 칭찬을 아끼지 않았고, 그렇지 않은 인물은 '도둑'이라며 가차
없이 비난했습니다.

공자, 사람답게 사는 인의 세상을 열다

"장문중臧文仲은 지위를 훔친 자일 것이다! 유하혜柳下惠의 현명함을 알고서도 그에게 기회를 주지 않았다."-《논어》,〈위령공〉

공숙문자公叔文子를 모시던 대부 준僎이 문자와 함께 대신大臣으로 승진했다. 공자가 이 소식을 듣고 말했다. "'문文이라는 시호에 어울릴 만한 사람이다."-《논어》,〈헌문〉

"곧은 사람을 굽은 사람의 윗자리에 앉히면 백성이 복종하고, 거꾸로 하면 백성들이 결코 복종하지 않는다"라는 말에서도 알 수 있듯이 정치는 사람이 관건입니다. 지혜롭고 진실한 사람을 적절한 자리에 앉힘으로써 정치가 제자리를 잡고 나라다운 나라가 되는 것입니다. 공자는 능력 있는 사람이 알맞은 지위에 앉는 정치 문화를 만들기 위해 수십 년에 걸쳐서 노력했죠. 공자의 꿈이 완전히 달성된 것은 아니지만 공자의 제자로 이어지는 노력으로 중국의 정치 문화가 한 단계 발전하고 지도자는 어떤 자세로 백성을 다스려야 하는지 큰 원칙을 세우는 데는 성공했다고 할 수 있습니다.

이제는 '그에 맞는 지위에 있지 않으면 그에 맞는 정치를 하지 않는다'는 공자의 말뜻이 분명해졌습니다. 알맞은 정치를 할 수 있는 자격을 스스로 획득하라는 메시지로 볼 수 있습니다. 자리만 차지하는 지도자가 아니라 건강한 뜻과 도덕적 용기를 가지고 힘차게 정치를 해 나가는 지도자가 되자는 제안이죠. 일제강점기 3.1운동 후에 전국민적으로 펼쳐진 '실력 양성 운동'과 비교할 수 있습니다. 민족의 실력을 길러서 나라의 주권을 되찾자는 실력 양성 운동처럼, 공부를 통해 실력을 쌓아서 백성들을 따뜻하게 어루만져 줄 수 있는 지도자가 되자는 게 공자의 생각이었습니다.

《논어》는 한가하게 나눈 지식인들의 대화가 아니라 잘못된 관습을 과감히 뜯어고치다가 더러는 실패하고 때로는 조그만 승리도 맛보았던 치열했던 이야기입니다. 펄펄 끓는 용암처럼 뜨거운 마음과 온갖 장애물에 부딪치고 찢겨서 밑바닥까지 굴러 떨어진 가슴 아픈 사연을 느끼려면 진지하게 들여다봐야 합니다. 마음에 드는 구절 몇 개 되뇌며 유식한 척하고 싶은 생각을 과감히 벗어버리고, 우리 시대는 어떤 병을 앓고 있고 같이 숨 쉬는 이웃들은 어떤 고통에 신음하고 있는지 살펴보고 싶다는 순수한 욕구를 가지고 책을 읽는다면 어느새 공자와 터놓고 대화를 나눌 수 있을 것입니다.

생각이 자라는 질문

1. 공자의 공부와 나의 공부는 어떻게 다를까요?
2. 공부와 정치는 어떤 관계가 있나요?
3. 공자가 말의 무게를 강조한 이유가 무엇인지 생각해 봅시다.

공자, 사람답게 사는 인의 세상을 열다

Part 2

논어, 시대의 병을
치유하는 치열한 대화

실천할 수 있는 말만 고르고 고르다 | 아침에 도(道)를 들으면 저녁에 죽어도 좋다 | 덕(德)을 닦지 못하는 것이 나의 근심이다 | 어진 사람만이 누군가를 좋아하고 미워할 수 있다 | 의(義)에 따라 행동할 뿐 | 예(禮)를 모르면 서 있을 수조차 없다 | 군자(君子)의 말에는 구차함이 없다

1

실천할 수 있는 말만
고르고 고르다

《논어》가 탄생한 과정

《논어》는 공자가 쓴 책이 아니라 공자가 죽자 그의 제자들이 공자의 말과 행동을 적은 기록을 모아 만든 책입니다. 플라톤의《대화》도 소크라테스가 제자들과 했던 대화를 그의 제자 플라톤이 기록했죠. 《논어》는 여럿이,《대화》는 혼자서 기록했다는 차이가 있습니다.《논어》편찬 과정은《조선왕조실록》의 편찬 과정과 다소 유사합니다. 조선의 왕 곁에는 항상 두 명의 사관이 있었는데, 한 명은 임금의 말을, 다른 한 명은 행동을 기록했습니다. 왕이 죽으면 사관들이 썼던 기록을 춘추관으로 보냈고, 실록편찬위원회 같은 특별 기구에서 뺄 것은 빼고 다듬을 것은 다듬어서 우리가 보는 '실록'을 만듭니다.

공자, 사람답게 사는 인의 세상을 열다

공자가 말했다. "나는 말하고 싶지 않다." 자공이 말했다. "선생님께서 말씀을 안 하시면 저희들이 무엇을 전할 수 있겠습니까?" 공자가 말했다. "하늘이 무슨 말을 하던가? 사계절이 돌고 만물이 자라날 때 하늘이 무슨 말을 하던가?" -《논어》, 〈양화〉

《논어》의 10번째 편인 〈향당〉은 1차 편집의 마지막 장이었기 때문에 공자의 행동이 집중적으로 소개되었다고 합니다. 《논어》는 두 번에 걸쳐서 편집이 이루어졌고 지금의 체제를 갖추었다고 합니다. 이 작업은 공자가 죽은 후 100년 안에 이루어졌다고 해요.

《논어》는 《맹자》처럼 체계에 맞게 서술되지도 않았고 그럴 수도 없었습니다. 20편의 제목도 앞 글자를 따서 지었으니까요. 마치 수많은 '논어 레고' 조각을 20개의 덩어리로 이어 붙인 느낌입니다. 그래서 '제齊나라 논어(제논어)', '노魯나라 논어(노논어)', '옛古 논어(고논어)' 등 다양한 버전이 존재합니다.

여러 논어들을 모아서 현재 우리가 보는 《논어》로 편찬한 사람은 전한(前漢, 기원전 206~기원후 8) 말기 '장우張禹'라는 인물입니다. 그는 당시 황제였던 성제成帝가 태자 시절부터 스승이었죠. 성제가 경전에 대해서 자주 물었으므로 별도로 《논어장구》를 지어서 바쳤다고 합니다. 그는 벼슬이 '안창후'에까지 오르며 정치적 지위와 학문적 권위를 갖춘 인물이었으므로 당시 학자들 사이에서는 "《논어》를 배우려면 장우의 《논어》를 읽어라"는 입소문이 돌았습니다. 장우는 당시 왕권을 탈취해 신新나라를 세우고 가혹한 형벌과 노역으로 백성들의 원망을 샀던 정치인 왕망(王莽, 기원전 45~기원후 32)에게 빌붙어 부귀를 보존했다는 비난을 받았습니다. 한나라 역사서에서도 장우가 논어를 편찬한 일에 대해서 "자기의 뜻에 부합하는 것만 골랐다"고 기록될 정도였죠. 청나라의 고증학자 최술은 장우를 싸잡아 비난했습니다.

> "장우는 학식이 천박하고 비루하다. (중략) 그런데도 제멋대로 《논어》를 다시 엮음으로써 반드시 있어서는 안 될 것이 있게 되고, 채택해서는 안 될 것을 채택하게 된 것이다." - 최술, 《수사고신여록》

장우의 의도가 가장 의심받는 대목은 17번째 〈양화〉 편입니다. 〈양화〉 편에는 세 명의 반란자가 나옵니다. 노나라에서 정변을 시도했던 양호, 노나라의 비읍費邑에서 정변을 일으키려 했던 공산불요, 진晉나라 중모에서 반란을 일으키려 했던 필힐이죠. 공자는 그들을 만나러 가려고 했을 뿐 아니라 마음이 지나치게 흔들리는 모습으로 그려져 있습니다. 최술은 장우가 자신의 반란 행위를 정당화시키기 위해서 반란자들을 삽입한 것이라고 의심했습니다. '공자도 다른 마음을 품었는데 나라고 별 수 있겠는가?' 하는 항변의 메시지를 담고 싶었을 것입니다. 후세의 학자들이 모두 장우의 《논어》에 주석을 달

공자, 사람답게 사는 인의 세상을 열다

았기 때문에 반란자들과 공자의 미심쩍은 스캔들도 보존되었습니다. 이런 이유 때문에 우리는 《논어》라는 책보다는 '공자의 말'을 중심으로 살펴볼 수밖에 없습니다. 오히려 《논어》라는 책에 연연하기보다는 마치 '레고 놀이'를 하듯이 인상적인 구절을 가지고 대화를 나누는 게 더 나은 독서법이라고 할 수 있습니다. 장우가 의도치 않게 우리를 묶고 있는 '수갑' 하나를 풀어준 셈입니다.

《논어》의 말들

'논어'라는 명칭은 어떻게 만들어졌을까요? '논論'과 '어語'의 용법을 보면 '논'은 주장을 주고받는 토론을 뜻하고, '어'는 누군가가 일방적으로 해 주는 설명을 뜻합니다. 《논어》의 말들은 주로 공자가 했거나 공자와 연관이 되어 있죠. 이를 종합하면 공자가 제자 또는 다른 사람과 묻고 대답하고 토론한 것을 '논'이라고 하고, 공자가 다른 사람에게 설명한 것을 '어'라고 할 수 있습니다. 공자의 학문인 유학儒學이 국가적으로 연구된 한나라 역사서에는 '논어'라는 명칭에 대한 기록이 있습니다. 《한서》의 기록은 공자가 죽은 후 제자들의 책 편찬 과정에 초점을 맞추고 있습니다.

> "《논어》는 공자가 주위 사람들과의 응답 및 제자들이 서로 어울려 공자에게 들은 말을 논의한 것이다. 그 당시 제자들마다 제각기 기록한 바가 있었는데, 공자가 죽은 뒤 문인들이 서로의 기록을 모으고 편

찬을 논의했으므로 '논어'라고 일컬은 것이다."–《한서》,〈예문지〉

《논어》는 2000년도 더 된 고서古書이지만 전 세계인들이 사랑하는 책입니다. 왜 사람들은《논어》를 사랑할까요?《논어》에는 뭔가 특별한 게 있는 걸까요? 여러 가지 이유가 있지만 가장 큰 이유는 《논어》의 말들이 가진 무게감입니다. "말이란 전달되기만 하면 그만"《논어》,〈위령공〉이라는 말처럼 공자는 말 자체에 큰 의미를 두지 않았고, '말재간' 또는 '말재주꾼'을 극도로 경계했습니다.

자공이 "저희들은 무엇에 힘쓰면 좋겠습니까?" 하고 여쭈었다. 공자가 말했다. "먼저 행동하라, 말은 그 다음에 하도록 하라."
–《논어》,〈위정〉

"군자는 말은 어눌하고 행동은 민첩하려고 노력한다."
–《논어》,〈이인〉

"말재주를 어디에 쓰겠는가? 사람들에게 응답하기를 말재주로만 하다가는 자주 사람들에게 미움받을 것이다."
–《논어》,〈공야장〉

공자는 반드시 실천할 수 있는 것만 가르쳤고, 제자들도 공자를

공자, 사람답게 사는 인의 세상을 열다

본받아 '말의 무서움'을 알았습니다. "자로는 듣고 나서 실천하지 못하면 오직 또 들을까 두려워하였다"《논어》, 〈공야장〉라는 말이 대표적이죠. 공자는 다른 사람들도 자신처럼 행동이 뒷받침된 말을 하고 있다고 생각했습니다. 하지만 오랜 경험을 쌓고 나서 말과 행동이 자주 일치하지 않는다는 걸 깨달았죠. 제자들도 언행일치가 안 되기는 마찬가지였습니다.

《논어》의 말들이 특별하듯, '공자의 말들'도 특별한 의미를 가지고 있습니다. 공자는 혼란한 사회를 바로잡고 정치를 개혁하는 데 첫 단추로 삼은 것이 '이름과 말'이기 때문입니다.

"이름이 바르지 못하면 말이 순조롭지 못하고 말이 순조롭지 못하면 일이 이루어지지 않으며, 일이 이루어지지 않으면 예악禮樂이 일어나지 않고 예악이 일어나지 않으면 형벌이 맞지 않으며 형벌이 맞지 않으면 백성들은 손발을 둘 곳이 없어진다. 그러므로 군자가 이름을 붙이면 반드시 말을 할 수 있으며, 말을 하면 반드시 행할 수 있는 것이니, 군자는 그 말에 구차한 바가 없을 뿐이다." -《논어》, 〈자로〉

공자에 따르면 정책과 사회 제도, 법률, 형벌은 모두 바른 이름과 바른 말에 뿌리를 두고 있습니다. 이것이 바로 '이름을 바르게 한다'는 뜻의 '정명正名' 사상입니다. 어릴 적부터 사회와 정치의 혼란, 백성의 고통을 생생히 목격한 공자는 사회 개혁과 정치 개혁이 절실함을 이해했습니다. 학문 연구와 치열한 토론, 그리고 깊은 성찰을 통해서 해결 방법을 짜내려고 애썼고, 그것을 '말'에 새겨 넣었습니다. 이 때문에 《논어》를 얼핏 읽으면 인생의 처세를 알려주는 자기계발서가 되지만, 깊이 읽으면 시대의 병을 치료하는 정치사상서가 됩니다. 《논어》도 역시 아는 만큼 보입니다.

공자의 목탁 소리

> "여러분은 왜 상실감에 젖어 있는 것이오? 천하에 도가 없어진 지 오래되었으나 하늘은 세상을 바로잡으려고 선생을 목탁으로 삼으신 것이오." – 《논어》, 〈팔일〉

공자가 여러 나라를 떠돌다가 위나라의 '의'라는 작은 고을에서 나무로 경계를 표시하는 말단 관리[봉인(封人)]와 마주쳤습니다. 봉인은 은둔하던 도인이 아니었나 싶습니다. 그 지역을 지나는 군자 가운데 한 사람도 그냥 지나친 경우가 없었다는 말에서 봉인의 존재감이 느껴집니다. 공자와 대화를 몇 마디 나누고 나서 제자들에게 해준 말이 바로 위의 구절입니다.

공자는 스스로의 힘으로 세상을 바로잡은 것이 없었고, 사회에 큰 영향도 미치지 못했습니다. 하는 일마다 좌절하고 실패했습니다. 공

공자, 사람답게 사는 인의 세상을 열다

자는 소설 속 주인공처럼, 연극배우처럼 현실을 향해 돌진했고, 동지를 찾아 먼 길을 헤맸고, 권력자에게 날선 비판을 서슴없이 날렸습니다. 그리고 세상의 은둔자들에게는 '위선자'라는 조롱도 받았습니다. 어딜 가도 환영받을 수 없었고 오로지 제자들만이 그를 사랑하고 믿었습니다.

자공이 물었다. "마을 사람이 모두 좋아하면 어떻습니까?" 공자가 답했다. "그것만으로는 안 된다." "마을 사람이 모두 싫어하면 어떻습니까?" 공자가 답했다. "그것만으로도 안 된다. 마을 사람들 가운데서 선한 사람이 좋아하고, 선하지 않은 사람이 싫어하는 것만 못하다."
—《논어》,〈자로〉

공자를 좋아하고 사랑한 사람은 누구였을까요? 누가 공자를 미워하고 싫어했을까요? 공자가 위대한 것은 그가 남긴 업적 때문이 아닙니다. 그가 이뤄 낸 성취 때문도 아닙니다. 공자가 위대한 것은 세상의 구조를 몸소 보여 줬기 때문입니다. 공자는 스스로 제자들의 본보기가 되었습니다. 위나라 임금이 전쟁 기술을 물었을 때 말없이 돌아가는 것으로서 본보기가 되었고, 권력자의 면전에서 "그대가 탐욕을 멈춘다면 상을 준다고 하더라도 도적질이 줄어들 것입니다"라고 무안을 줌으로써 본보기가 되었습니다. 공자는 혼자 세상을 바꿀 수 없다는 것을 알고 있었습니다. 자신이 위대한 업적을 성취하려고 덤비면 실패가 뼈아플 것이지만, 만약 뒤에 든든한 누군가가 있다면 실패는 귀중한 거름이 되니까요.

> 공자는 네 가지가 없었다. 별다른 저의가 없이 순수했으며, 꼭 하고 자 하는 것이 없었으며, 고집이 없었으며, '자기중심'이 없었다.
> —《논어》, 〈자한〉

생활 속에서 작지만 불합리한 문제 하나를 바꾸려고 시도해 본 사람은 알 것입니다. 평화로웠던 세계가 갑자기 '벽'으로 변신한다는 사실을. 벽에 가로막혀 원하는 변화를 이뤄 내지 못한다면 그는 좌절할지 모르겠지만, 좌절하는 모습을 지켜봤던 사람들에게는 커다란 영감을 줍니다. 이것이야말로 '공자의 목탁소리'라고 부를 수 있을 것입니다. 만약《논어》에서 이 소리를 들을 수 있다면 오늘날 우리 시대가 앓고 있는 깊은 병을 치유하는 방법에 대한 힌트를 얻을 수 있을 것입니다.

공자, 사람답게 사는 인의 세상을 열다

2

아침에 도(道)를 들으면
저녁에 죽어도 좋다

《논어》와 공자를 먼저 해방시켜라

《논어》를 어떻게 읽어야 할까요? 앞장에서 본《논어》의 탄생 과정이 썩 아름답지만은 않았죠. 장우라는 기회주의자가 제 입맛에 맞게 논어 구절을 짜 맞췄으니까요. 하지만 이것을 뒤집어서 보면 누구나 '자기만의 논어 읽기'를 할 수 있다는 말이 됩니다.《논어》에 '왕도王道' 따위는 없죠. 공자 이후의 학자들은 학파를 형성하고 체계를 가지고 있었지만 공자는 학파를 만들지 않았습니다. 국가와 정치에 쓸모가 있는 인재를 기르는 게 공자의 목표였으니까요. 공자 스스로 권위를 내세우지 않았음에도 후세에는 '공자 전문가'와 《논어》 권위자'가 만들어져서 독자들을 헷갈리게 했습니다. 그들의 말에 현혹

되지 말고 나만의 논어 그림을 그리되 핵심 개념을 놓치지 않는다면 언제 어디에서든 공자와 《논어》를 자신의 삶과 연관 지어 받아들일 수 있습니다. 주의할 것은 단 한 가지, 《논어》 주변에 잡초처럼 무성한 주석가와 해설자들의 말에 현혹되거나 주눅 들지 않는 것입니다.

우리가 《논어》를 제대로 읽는 데 방해가 되는 것은 수많은 주석가와 해설자들뿐 아닙니다. 공자에 대한 오해와도 싸워야 합니다. 공자는 이미 한漢나라 때부터 신神이 되었습니다. 거기다 2,000년이 더 지났으니 '공자 신화'가 얼마나 많이 덧붙었을까요? 저는 공자로부터 배울 것이 아직 남았기에 20년 가까이 《논어》를 읽었고, 공자에 관한 책들을 많이 읽었습니다. 공자에 관한 이야기들은 크게 두 부분으로 나뉘어 맞서고 있습니다. 첫 번째 부분은 일명 공자를 신으로 만드는 사람들입니다. 편의상 '공자신孔子神'을 숭배하는 신도들이라고 부르겠습니다. 다른 부분은 공자신을 '인간 공자'로 되돌리려는 사람들입니다. 만약 공자를 신으로 보려 한다면 이 책은 쓸모가 없을 것입니다. 하지만 공자를 인간으로 보려 한다면 공자를 신으로 보려는 생각들과 싸워야 할 것입니다.

"배운 것을 잘 전달할 뿐 창작하지 않으며, 신념을 가지고 옛것에 심취했다." - 《논어》, 〈술이〉

중국의 학문 전통 중에는 한 명의 권위자에게 모든 업적을 몰아주는 독특한 관습이 있습니다. '공자'는 이런 전통이 작동하기 좋은 인물이죠. 따라서 당시 기본 교육 프로그램이었던 육예六藝, 즉 《역易》,《시詩》,《서書》,《예禮》,《악樂》,《춘추春秋》를 모두 공자가 제작했거나 제작에 관여했다는 신화가 생겼습니다. 하지만 공자는 이를 부인하였을 뿐만 아니라 대부분의 학자들도 공자가 육예를 제작하지 않았다는 연구 결과를 내놓고 있습니다. '공자가 육예를 제작했다'는 신화가 초래하는 가장 큰 재난은 공자의 진짜 업적이 감춰진다는 데 있습니다. 공자는 육예를 제작한 것이 아니라 귀족들만 독점하던 육예를 대중화시켜 일반인들에게 열어주었습니다. 당시 백성들은 지적으로 해방감을 맛보았고 '공부 신드롬'이 태풍처럼 일어났습니다. 공자의 업적은 그것만이 아닙니다. 육예를 독특한 관점으로 해석하여 자유롭게 토론한 점 역시 잊지 말아야 합니다. 당시 귀족들은 전통적으로 내려오던 육예를 답습하였지만 공자는 실정에 맞게 재해석함으로써 육예를 풍부하게 활용할 수 있었습니다. '해석'하는 방법이 중요한 까닭은 예부터 내려오던 개념들도 시대에 맞게 재해석할 수 있기 때문입니다. 예컨대 '사士'라는 개념은 '대부大夫 · 사士'처럼 신분을 뜻하거나 남자 병사를 의미했지만, 공자는 이것을 사농공상士農工商의 으뜸가는 '지식인 계급'을 의미하는 낱말로 바꿨습니다. 군자君子, 예禮 등 공자에 의해서 재탄생한 개념들은 많습니다.

오래된 개념과 문화를 시대에 맞게 재탄생시키려면 어떻게 해야 할까요? 자기 문화에 대해서 자부심과 애정을 가지고 깊이 공부해야 합니다. 옛 제도는 시대에 맞지 않는 것도 있고, 시대를 초월해 가치를 뽐내는 것도 있습니다. 옥석을 잘 가리고 필요한 것을 잘 보존하고 급격한 시대 변화를 반영해서 오래된 것과 새로운 것을 섞으면 시대에 맞는 문화가 재탄생합니다. 이것을 공자는 '온고지신溫故知新'이라고 했습니다. 온고지신에 능숙한 사람이야말로 '스승'이 될 수 있다고 덧붙였죠. 공자는 이 이상도 이하도 아닙니다. 공자는 그저 공자답게 살았을 뿐입니다. 공자를 이웃집 아저씨 정도로 생각할 수 있다면《논어》를 읽을 준비가 된 것입니다.

도에 뜻을 두어야 한다

하나의 사상은 마치 나무처럼 여러 개의 개념들이 서로 연결돼 있습니다. 하지만 순서 없이 나열되지 않고 어떤 개념은 뿌리를 이루고 어떤 개념은 가지를, 그리고 다른 것은 이파리를 이룹니다. 중요한 위치에 있는 개념은 나머지 개념들을 통솔하죠. 공자의 철학도 중심 개념이 있습니다. 공자는 몇몇 개념에 대해서는 숭배에 가까운 애정을 보였고, 어떤 개념은 다른 개념을 포함한다고 말했습니다.

《논어》에서 명확히 드러난 중심 개념을 순서대로 펼치면 첫째는 도道, 둘째는 덕德, 셋째는 인仁, 넷째는 의義, 다섯째는 예禮입니다. 공자가《논어》에서 말한 많은 개념들은 이 다섯 가지 중심개념의 견제를 받고 있으며, 이 다섯 개념 역시 가위바위보처럼 서로 물고 물립니다. 이제《논어》의 레고 조각들을 이 다섯 가지 개념을 기준으로 만지작거리겠습니다.

공자는 공부하는 사람이라면 한결같이 도道에 뜻을 두어야 한다고 가르쳤습니다. "아침에 도를 깨달으면 저녁에 죽어도 좋다"《논어》, 〈이인〉라는 말은 공자의 간절한 마음을 잘 나타냅니다. 공자는 가치와 실천을 중요하게 생각했습니다. 서양 철학자 아리스토텔레스가 인생의 목적은 '좋은 삶'을 사는 것이라고 말한 것과 뜻이 같죠. '좋다'는 말 안에는 이미 가치 평가가 담겨 있으니까요. 학문에는 객관적인 사실을 연구하는 분야가 있고, 가치 있는 일과 삶에 도움이 되는 분야가 있습니다. 공자는 일관되게 가치 있는 삶을 말한 학자이고 실천을 중시했기 때문에 그가 중시하고 사람들에게 가르친 것은 실천 가치의 일이고 순수한 객관 사실 분야의 일이 아닙니다. 따라서 공자의 말을 연구할 때에는 사실 판단보다는 가치 판단에 주목해야 합니다. 공자가 학문에 뜻을 둔 목적은 분명합니다. 혼란스러운 정치를 바로잡고, 정치 혼란으로 고통을 당하는 백성들을 해방시키는 것이 공자의 공부 목적이었습니다. 이 목적을 이루기 위해서 공자는 제자들을 정치 지도자로 길렀습니다. 공자의 공부 방법은《논어》에서도 어렵잖게 찾을 수 있습니다.

"선생님이 본성과 천도(天道)를 말씀하신 것은 듣지 못하였다."

– 《논어》, 〈공야장〉

자로가 귀신 섬기는 문제에 대해서 질문했다. 공자가 답했다. "산 사람도 섬기지 못하면서 어떻게 귀신을 섬길까?" "그렇다면 죽음이 무엇입니까?" "삶도 모르는데 어떻게 죽음을 알겠느냐?"

– 《논어》, 〈선진〉

공자는 도덕 실천가였기 때문에 어떻게 하면 도를 제대로 실천할 수 있을지 고민했을 뿐 도의 유래에 대해서는 관심을 갖지 않았기 때문에 본성과 천도, 그리고 천명天命을 드물게 말했습니다.

《논어》에 보이는 '가치 있는 도'는 무엇일까요? 백성을 동원할 때 농번기를 피하고 '알맞은 때'를 기다리는 것이고, "나라에 도가 있을 때는 벼슬하고, 나라에 도가 없을 때는 숨는 것"《논어》,〈태백〉이며, "도로써 임금을 섬기다가 옳지 않다고 생각하면 그만두는 것"《논어》, 〈선진〉입니다.

가치 있는 도를 실천하는 방법

공자가 말하는 가치 있는 도는 구체적으로 무엇을 말할까요? 《맹자》에는 실마리가 담겨 있습니다.

공자, 사람답게 사는 인의 세상을 열다

공자가 말했다. "도道에는 두 가지가 있으니, 어진 것과 어질지 않은 것뿐이다." -《맹자》, 〈이루 상〉

어진 도를 '인도仁道'라고 부릅니다. '인仁' 공자의 세 번째 중심 개념이지만 '도'와 어울릴 때가 많습니다. 어진 도는 어떤 도일까요?

애공이 유약에게 물었다. "올해 기근이 들어서 재정이 부족하니 어떻게 할까요?" 유약이 대답했다. "어찌 철법(撤法, 수입의 10분의 1을 세금으로 거두는 법)을 쓰지 않으십니까?" -《논어》, 〈안연〉

고대의 세금 제도는 수입의 10분의 1을 거두는 것입니다. 오늘날의 세금 제도 중에서 부가세는 10%를 매기죠. 공자의 시대에는 무도無道한 정치였기 때문에 세금 제도 역시 문란해졌습니다. 세금 부과의 권한이 있었던 임금과 대부들은 마치 고무줄처럼 마음 내키는 대로 세금을 늘렸으니 백성들의 삶이 나날이 고달플 수밖에 없었습니다. 이것이 바로 '어질지 않은 도' 또는 '폭군의 도'였습니다. 이에 비해 옛날의 도에 따라 세금을 가볍게 징수하는 것은 '어진 임금의 도'입니다. 이처럼 '가치 있는 도'라는 것은 개인의 취향에 따라서 가치 판단을 하는 것이 아니라 많은 사람들에게 보탬이 되는 것을 뜻합니다.

제나라 경공이 공자에게 정치를 묻자, 공자가 대답했다. "임금은 임금다워야 하고, 신하는 신하다워야 하며, 아버지는 아버지다워야 하고, 자식은 자식다워야 합니다." - 《논어》, 〈안연〉

공자가 바라본 인간 세계는 '관계'로 얽혀 있습니다. 임금이 임금의 도를 따르고, 신하가 신하의 도를 따르면 정치가 바로잡히고, 아버지와 아들 역시 각자의 도에 충실하면 가족이 행복할 수 있습니다. 하지만 공자의 시대는 근본적인 관계가 무너졌습니다. 예컨대 공자가 애정을 많이 쏟았던 위衛나라의 경우 아버지와 아들이 왕위를 다투고, 아들이 의붓어머니를 죽이려다 실패해 도망치는 일이 벌어졌죠.

지도층이 문란하면 사회 전체가 오염되기 때문에 공자는 망가지고 더럽혀지고 어지러워진 '바른 도'를 수호하는 문제에 평생 매달렸습니다. 회복 불가능할 정도로 도가 망가지면 몸을 피했고, 그렇지 않은 경우는 용감하게 싸워서 지키려고 했습니다.

세상에 도가 있는지 없는지를 자세히 관찰하는 게 중요한 까닭은 나의 행동을 선택해야 하기 때문입니다. "나라에 도가 있으면 말과 행동을 곧게 하고, 나라에 도가 없으면 행동은 곧게 하나 말은 공손하게 한다"《논어》, 〈헌문〉는 말처럼 도에 맞게 나의 행동을 결정하는 까닭은 헛된 죽음을 피하는 것이며, 시간을 낭비하지 않기 위한 것입니다. 공자의 시대에는 그나마 도가 희박하게라도 남아 있었지만 공자가 죽고 나서는 그마저도 사라지고 없었습니다. 제자 양부가 맹손씨의 관할지를 담당하는 재판관으로 임명받고 문안을 드리러 왔을 때 증자는 "실정失政이 오래되어 민심이 떠난 지 오래다. 범죄 정황을 밝혀냈다면 깊이 동정할 뿐 실적에 만족할 일은 아니다"《논어》, 〈자장〉라고 말했죠. 공자와 안연, 자로 세 사람의 대화를 보면 나라에 도가 있고 없고에 따라 행동이 어떻게 결정될 수 있는지 알 수 있습니다.

공자가 안연에게 말했다. "(나라에 도가 있어) 벼슬하면 뜻을 펼치고, (나라에 도가 없어) 쫓겨나면 은둔하는 것은 오직 나와 너만이 할 수 있을 것 같구나." 자로가 끼어들었다. "선생님께서 삼군을 통솔하신다면 누구와 함께하시겠습니까?" 공자가 말했다. "맨손으로 범을 잡으려 하고 맨몸으로 황하를 건너려다가 죽어도 여한이 없는 자와는 함께하지 않을 것이다. 반드시 일에 임하여 두려워하고 꾀를 내기 좋아하여 성공을 이끄는 자와 함께할 것이다." - 《논어》, 〈술이〉

'전전긍긍戰戰兢兢'이라는 말처럼 두려워할 줄 아는 마음을 잘 표현한 말은 없을 것입니다. 공자가 도를 충실히 따르고 어긋나지 않을까 전전긍긍하는 까닭은 뭘까요? 일을 그르치지 않기 위해서입니다. 학생이 공부를 할 때도 공부의 도가 있고, 야구선수와 골프선수도 스윙의 도가 있고, 축구선수가 강력한 슛을 할 때도, 농구선수가 멋진 슛을 쏠 때도 나름의 도가 있습니다. 공자에게 도가 없을 이유는 없지요. 공자는 자신의 모든 노력이 도에서 벗어나지 않도록 극도로 조심하여 겨냥을 맞추었고 나머지 중심 개념들을 도道 위에 얹어 놓았습니다.

3
덕(德)을 닦지 못하는 것이 나의 근심이다

덕이 도가 되고, 도에 덕이 쌓이다

공자의 중심 개념인 도道는 마땅히 거쳐야 할 방법이라고 했습니다. 그렇다면 덕德은 무엇일까요? 우리는 흔히 도덕道德이라는 말을 함께 쓰기 때문에 같은 뜻이라고 생각하기 쉽지만 도와 덕은 엄연히 다릅니다. 다만 같이 쓰이는 일이 많을 뿐입니다. 먼저 도와 덕이 어떻게 연결되는지 이야기하겠습니다.

> "태백은 지극한 덕이 있다고 이를 만하다. 세 번 천하를 위해 사양하였으나 백성들이 칭송할 길이 없었다." -《논어》, 〈태백〉

제나라의 경공은 말을 사천 필이나 소유하고 있었으나 죽는 날에 그의 덕을 칭송하는 사람이 없었다. 백이와 숙제는 수양산에서 굶어 죽었으나 사람들은 지금까지 그들의 덕을 칭송하고 있다.

－《논어》,〈계씨〉

'태백'은 주나라 태왕의 첫째 아들입니다. 주나라 태왕에게는 세 명의 아들이 있었는데 첫째는 태백이며, 둘째는 중옹, 막내가 계력이었습니다. 태백과 중옹은 아버지가 지혜로운 막내(계력)에게 왕위를 물려주고 싶어 하는 사실을 알고 오나라로 도망쳤습니다. 태백은 오나라의 시조가 되었습니다. 태왕이 병에 걸렸을 때 태백이 오나라와 월나라로 약을 캐러 떠났다가 돌아오지 않은 것이 첫 번째 양보입니다. 태왕이 죽었을 때 상주 노릇을 하지 않고 오나라에 있었던 게 두 번째 양보입니다. 상복 입는 기간이 끝나자 태백은 머리카락을 자르고 몸에 문신을 새김으로써 스스로 오랑캐가 되었습니다. 주나라로 돌아가지 않을 것임을 분명히 했으니 이것이 바로 세 번째 양보입니다.

중국은 예부터 '양보'를 가장 훌륭한 미덕으로 생각했습니다. 사마천의 《사기》에는 세 명의 양보자가 책의 앞머리에 배치되었습니다. 《사기본기》의 첫 편은 〈오제본기〉로서 고대의 첫 번째 성왕聖王 요임금이 아들이 아니라 순임금에게 자리를 양보한 일이 중심 내용을 이루고 있습니다.《사기세가》의 첫 편은 위 구절의 주인공인 〈오태백세가〉입니다.《사기열전》의 첫 편은 역시 위 구절에서 소개한 〈백이숙제열전〉입니다. 백이는 고죽국 임금의 첫째 아들이지만 태백처럼 지혜로운 동생에게 왕 자리를 양보한 인물이죠.《논어》에서는 양보의 미덕 이외에 중용, 충성스러움, 믿음, 의로움, 먼저 일하고 나중에 얻는 일 등이 '덕德'의 이름을 빛내고 있죠. 태백과 백이숙제, 그리고 요임금의 양보는 덕德이지만 그들의 실천에 힘입어 중국 정치의 도道가 되었습니다. 덕이 쌓여 도가 되었으니 '도덕'이라고 불리게 되었습니다.

제가 동서양의 철학자와 작가를 탐독하며 가장 많은 영향을 받은 사람은 역시 공자와《논어》입니다. 공자의 삶을 들여다 보고《논어》의 이야기에 귀기울이면서 저는 사람다운 삶이 무엇인지 깊이 느낄 수 있었습니다 . 이것이 바로 공자와 논어의 덕입니다. 내 안에 쌓은 덕은 지식에만 머물지 않고 '그렇게 살아가라'고 명령을 내립니다 . 배운대로 살아가려고 하는 것이 바로 공자와 논어의 도입니다. 도와 덕은 이름과 쓰임이 있는 곳이 다를 뿐입니다. 같으면서도 다르고 다르면서도 같습니다. 도와 덕이 헷갈리면 가운데 인仁을 표시하고 삼각형을 그려 보세요. 인간이 가야 할 길[仁道]과 인간을 인간답게 하는 미덕[仁德]은 두 육체에 깃든 하나의 영혼과 같습니다.

논어와 공자의 덕

공자는 학자라기보다는 학문 실천가나 개혁가에 가깝습니다. 학문은 어디까지나 병든 세상을 치료하는 수단에 머무르는 것이죠. 공자의 독특한 학문 스타일은 취향이라기보다는 시대가 그런 사람을 필요로 한 것이죠. 서양 철학의 아버지 소크라테스 이전의 철학자들은 세상이 무엇으로 이루어졌는지 탐색했습니다. 물, 불, 공기, 흙으로 이루어졌다는 주장에서 원자로 이루어졌다는 주장까지 다양했습니다. 하지만 소크라테스는 세상이 무엇으로 이루어졌는지에 대해서 관심을 갖지 않았습니다. 소크라테스의 관심은 오로지 '인간'이었죠. 이렇게 시대마다 학문의 성격이 달라지는 건 자연스러운 현상입니다.

모든 질서가 무너지고, 아들이 아버지를 죽이고 신하와 임금이 이익을 다투는 춘추전국시대를 살았던 공자에게 아픈 세상을 치료하는 '의술醫術'로서의 학문은 어쩌면 당연한 거 아닐까요? 임금 애공이 제자들 중에서 누가 가장 학문을 좋아하는지 물었을 때 공자는 제자 안회를 꼽으며 그 근거로 "다른 사람에게 화풀이하지 않고, 같은 잘못을 되풀이하지 않았습니다"라고 말했습니다. 공부가 세상을 바꿀 수도 있다는 희망을 가질 수 있게 된 것은 공자의 덕이라고 할 수 있습니다.

공자, 사람답게 사는 인의 세상을 열다

《논어》에서 숭배하는 덕은 사람이 오랫동안 갈고 닦은 보석과도 같습니다. 우리가 흔히 "내 덕에 사는 줄 알아"라고 말할 때의 바로 그 '덕'이죠. 공자가 학문의 가능성에 대해서 한껏 열어준 덕에 우리는 믿고 공부에 매진할 수 있습니다.

'덕德'이라는 글자는 '득得'과 통합니다. 글자의 기원도 같습니다. 《예기》라는 경서에 담긴 "덕德이라는 것은 얻는 것이다"《예기》, 〈악기樂記〉라는 말도 같은 맥락입니다. 한쪽에서 덕을 쌓으면 다른 한쪽에서는 얻습니다. 만약 덕을 쌓지 않으면 얻을 것이 없을 것입니다. 예컨대 목숨을 걸고 빼앗긴 나라를 되찾으려 했던 독립운동가들과 독재 정권으로부터 민주주의를 되찾기 위해서 목숨을 걸고 싸웠던 순국선열들 덕으로 우리는 주권과 민주주의를 누리고 있습니다. 한편, 덕을 알아봐 주는 것도 역시 덕을 보태는 일입니다. 아무리 덕을 쌓아도 상대가 알아봐 주지 않으면 사라지기 때문입니다. 덕이 덕으로 연결되면 훌륭한 도가 되지만, 덕이 외롭게 고립되면 무의미합니다. 공자는 고대부터 내려온 미덕을 숭상했을 뿐 아니라 자신에게 덕이 달아나지 않기 위해 무척 애썼지만, 한편으로는 자랑스러운 미덕이 덧없이 사라지는 모습을 보면서 개탄했습니다.

"덕을 닦지 못하는 것, 학문을 익히지 못하는 것, 의로움을 듣고 실천하지 못하는 것, 착하지 못함을 고치지 못하는 것, 이것이 우리의 걱정거리다." -《논어》, 〈술이〉

"나는 덕이 있는 사람을 좋아하기를 여색을 좋아하듯이 하는 임금을 아직 보지 못하였다." -《논어》, 〈자한〉

여색을 좋아하듯 덕을 좋아하는 임금의 모델은 주나라의 태왕이었던 '고공단보古公亶父'입니다.《맹자》에서 제선왕이 자신은 여색을 좋아해서 좋은 임금이 될 자격이 없다고 고백하는 대목이 나옵니다. 맹자는 여색을 좋아해서 좋은 임금으로 찬양받았던 고공단보의 이야기를 들려줍니다.

"옛날에 태왕도 역시 여색을 밝혔습니다. 그는 왕비를 사랑했습니다.《시경》에는 '고공단보가 아침부터 말을 달려 서쪽의 물가를 따라서 기산의 언저리에 도착했다. 아내 강녀와 함께 궁궐 자리를 살폈다'고 했습니다. 그 당시 안으로는 남편이 없어 원망하는 여자가 없었으며, 밖으로는 아내가 없어 서러워하는 남자가 없었습니다."
-《맹자》, 〈양혜왕 하〉

고공단보는 아내를 매우 사랑하여 백성들도 짝이 없이 외롭게 사는 이가 없도록 노력했습니다. 엄마와 아빠가 서로 사랑하며 화목하게 지낸다면 집집마다 아이들이 행복하게 뛰노는 소리가 들리지 않겠습니까? 하지만 공자 시대에는 아름다운 여성에 대한 소유욕만 무섭게 자랐을 뿐 덕은 사라지고 말았습니다.

공자, 사람답게 사는 인의 세상을 열다

공자가 읽었던 중국 역사서에는 덕이 있는 인물이 참 많았지만 공자 시대에는 덕이 있는 사람이 급격히 줄어들었습니다. 덕이 있는 사람이 없어지면 세상에서 덕이 사라지는 것이고, 세상에서 덕이 사라지면 무슨 일이 일어날 것인지 뻔히 알기 때문에 공자는 덕을 닦는 노력을 멈출 수 없었습니다. 그렇다면 왜 공자처럼 덕을 닦는 이는 줄어들고, 여색이나 재산 등 탐욕만 추구하는 사람이 늘어났던 걸까요? 덕의 좋은 점을 아는 사람만이 덕을 좋아할 수 있고, 덕을 좋아하는 사람만이 덕을 가질 수 있기 때문입니다. 공자는 '말'을 의심했습니다.

"교묘한 말은 덕스러운 말을 어지럽힌다."-《논어》,〈위령공〉

"덕이 있는 사람은 반드시 말을 하지만, 말을 하는 사람이라고 해서 바드시 다 덕이 있는 것은 아니다."-《논어》,〈헌문〉

"길에서 듣고 길에서 말하면 덕 있는 사람의 말을 버리는 것이다."
-《논어》,〈양화〉

공자가 말 잘하는 사람을 무척이나 싫어한 것도 역시 덕과 관련이 있습니다. 말로써 덕을 해치기 때문입니다. 덕이 있는 사람은 말이 미칠 파장도 생각하고, 불필요한 오해는 없는지 검토합니다. 그리고 상대방이 들을 준비가 되어 있는지도 파악하죠. 이런 것들을 세심하게 고려한다면 말을 많이 할 수 없습니다. 말을 하는 것뿐만 아니라 말을 듣는 것에서도 고려가 필요합니다. 어떤 말은 깊이 듣고 생각해야 의미를 이해할 수 있지만 자기가 아는 대로 되뇌면 왜곡이 생기고 맙니다. 물론 공자 시대에 덕을 좀먹는 것은 '말의 홍수'만은 아닙니다. 하지만 공자가 제자들과 함께 학문을 할 때 말보다 행동의 무게를 늘상 강조했던 것을 보면 말이야말로 '덕의 적'입니다.

> "덕을 흉내 내는 위선가인 '향원鄕原'은 덕이 있는 사람을 해친다."
> -《논어》, 〈양화〉

시골의 순진한 사람들에게 알랑방귀를 뀌면서 호감을 얻는 사람은 공자 시대에도 들끓었던 것 같습니다. 나라가 어지러우면 그 틈을 이용하는 기회주의자가 많으니까요. 말재간으로 국가 정치를 어지럽히는 사람도 나오고, 시골에서는 덕을 가장해 사람들의 인기를 얻으려고 하는 향원(수령을 속이고 양민을 괴롭히던 토호)도 있었습니다. 하지만 아무리 순진한 시골 사람이라고 하더라도 결국은 말 잘하는 사람과 위선자보다는 '진실한 사람'에게로 마음이 기울게 마련입니다.

공자, 사람답게 사는 인의 세상을 열다

4

어진 사람만이 누군가를
좋아하고 미워할 수 있다

인(仁)이 사람의 편안한 집인 까닭

인仁은 공자의 사상을 대표하는 개념이며 《논어》에 가장 많이 나오는 말이기도 합니다. 하지만 이 때문에 공자가 말한 '인'이 무슨 뜻인지 가늠하기란 쉽지 않습니다. '인'은 감정 중에서도 커다란 에너지라고 할 수 있는 사랑을 뜻합니다.

> "백성들이 인을 좋아하는 것은 물이나 불보다 더하다. 물과 불을 밟다가 죽은 자는 본 적이 있지만, 인을 밟다가 죽은 자는 보지 못하였다." -《논어》, 〈위령공〉

"인을 실천하는 데 있어서는 스승에게도 양보하지 않는다."

－《논어》, 〈위령공〉

맹자는 "인은 하늘이 내린 벼슬이며 사람이 편안하게 쉬는 집과 같다."《맹자》, 〈공손추 상〉고 말했습니다. 이 말들을 보면 인이란 사람에게 편안함을 주는 무엇이라는 뜻으로 보입니다. 똑똑하기만 한 사람에게는 정감이 가지 않죠. 따뜻한 마음을 가지고 있고 인간적인 모습을 보여 주었을 때 호감이 갑니다. 이런 사람은 상대방에게 편안한 집에 있는 기분을 줍니다.

공자가 창시한 유교儒教가 사람들에게 매력 있게 다가간 커다란 비결은 평범한 남녀의 감정과 욕구를 알아줬기 때문입니다. 공자의 성격이 온전히 반영되었기 때문에 무절제한 방종도 무정한 억제도 하지 않고 감정의 균형을 잘 유지합니다. 유교는 절제 있는 쾌락을 바람직하다고 생각하였다는 점에서 중국 철학 중에서도 독특한 위치를 가지고 있습니다. 공자는 돈을 많이 버는 것을 죄악이라고 생각하지 않았습니다. 다만, 사람다움을 배신하면서까지 부자가 되는 행동에 대해서만 경계했을 뿐이죠. '인'은 '사람다움'의 다른 말이기도 합니다. 《논어》와 《중용》에는 아예 '인은 사람이다'고 선언했으니, 요약컨대 인이란 사람을 사람답게 하는 덕이라 할 수 있습니다.

공자, 사람답게 사는 인의 세상을 열다

"사람의 잘못은 그가 속한 집단에 따라 다르다. 그가 저지른 잘못의 유형을 살펴보면 그의 사람됨을 알 수 있다." - 《논어》, 〈이인〉

"인이란 '사람'을 뜻하니, 가장 가까운 사람을 살갑게 대하는 것이야말로 가장 위대하다." - 《중용》 20장

한국 사회에서는 관계가 무척 중요하고, 앞으로 우리는 많은 사람을 만나야 하기 때문에 '사람다움'에 대한 《논어》의 이야기는 특별히 눈여겨볼 필요가 있습니다. 《논어》를 오래 읽으며 현실에서 인을 계속 적용해 본 경험을 토대로 말씀드리자면, '사람다운 인'은 참 어려울 것 같으면서도 쉽고, 쉬울 것 같으면서도 어렵습니다. 예컨대 "잘못의 유형을 살펴보면 그의 사람됨을 알 수 있다"는 말을 보면서 제 실수를 되짚는 습관이 생겼습니다. 잘못한 일을 되새기는 건 참 불편하고 번거롭지만 나 스스로를 사랑하게 해 주었습니다. "잘못을 고치지 않는 것이야말로 진정한 잘못"《논어》, 〈위령공〉이라는 구절도 마찬가지입니다. 잘못을 했을 때 바로 인정하는 것이 얼마나 저를 자유롭게 해 주었는지 모릅니다. 잘못을 지적받았을 때 자꾸 해명을 하려고 하거나 이유를 대려는 습관을 없애기는 어려웠지만 이제는 어느 정도 되는 편입니다. 그런데 청소년들은 잘못을 인정하는 게 아직은 어려운 것 같아요.

잘못을 알고 난 후의 반응을 보면 그 사람을 알 수 있다는 말은 《논어》에서 공자가 직접 보여 주기도 했죠. 진陳나라 사패司敗라는 법관이 "그대의 임금은 예를 압니까?"라고 물었을 때 자국의 임금을 두둔하였거든요. 사패는 공자의 제자를 통해서 두둔 행위를 비난했습니다. 공자 입장에서는 억울할 만도 했죠. 남의 나라 관리에게 자기 임금을 안 좋게 말할 수는 없는 일이니까요. 공자는 자신의 잘못을 시원하게 인정하며 넘어갑니다.

"나는 행운아구나. 진실로 잘못이 있으면 남이 반드시 아는구나."

－《논어》, 〈술이〉

'인'은 '사람다움'의 뜻이지만, 그것만으로는 다 표현되지 않는 큰 개념입니다. 사람의 감정은 생각보다 약하고 함정에 쉽게 빠지거든요. 인이 어떻게 이런 함정들을 빠져나올 수 있었는지 이야기하겠습니다.

의(義)의 엄격한 감사를 받는 덕 주식회사의 대주주 인

《논어》에서 표현된 '인'은 공손함, 경건함, 충성스러움, 너그러움, 미더움, 민첩함, 은혜로움, 효도, 외부의 적으로부터 문화 수호 등 다양한 덕목을 담고 있습니다. 이 중에서 여러 가지 덕목은 '덕德'과 겹칩니다. 그러다 보니 인과 덕이 헷갈릴 때도 있죠. 그래서 '덕德 주식

회사의 대주주 인仁'이라는 비유로 소제목을 달았습니다. 공자가 그리는 완성된 인간에게는 갈고 닦아야 할 덕이 많이 있는데, 그중에서 가장 많은 노력이 필요한 덕이 바로 사람을 사람답게 해 주는 인입니다. 공자는 완성된 인간을 뜻하는 '인자仁者'를 찬양했지만 누구에게도 이 호칭을 허락하지 않았습니다. 심지어 수제자 안회에게까지도. 덕과 인이 같은 에너지를 가지면서도 다른 차원의 개념이라는 사실을 알 수 있습니다. 하지만 감정 에너지는 뜨겁게 솟구치기 때문에 냉각 장치가 필요합니다. 그것이 바로 의義이죠.

"인만 좋아하고 배우기를 좋아하지 않으면 그 폐단은 어리석게 되는 것이다." - 《논어》, 〈양화〉

안연이 인에 대해서 질문하자 공자가 설명했다. "자기를 단속하여 예를 실천하는 것이 인을 행하는 것이니, 하루만이라도 자기를 단속하여 예를 실천하면 천하가 인으로 돌아온다. 인을 행하는 것은 자기로부터 하는 것이니, 남으로부터 하는 것이겠는가?" 안연이 되물었다. "청컨대 조금 더 구체적으로 말씀해 주시겠습니까?" 공자가 말했다. "예가 아니면 보지 말며, 예가 아니면 듣지 말며, 예가 아니면 말하지 말며, 예가 아니면 움직이지 말라." - 《논어》, 〈안연〉

위의 두 구절을 보면 인이 마치 누군가로부터 지도를 받는 학생

같습니다. 배움을 통하여 인이 어리석음에 빠지지 않게 하라는 주문은 이성적 판단을 키우라는 격려입니다. 인의 마음은 뜨겁지만 이성적 판단은 차갑습니다. 이어지는 꼭지에서 다루겠지만 이성적 판단은 앎을 의미하는 지知의 덕목이며, 이는 곧 의義이기도 합니다. 청소년들에게 잔소리, 싫은 소리하는 부모님과 무조건 허용하는 부모님 중에서 어떤 부모님이 나은지 물었습니다. 학생들은 대부분 전자를 택했습니다. 덮어놓고 사랑만을 주지 않는 부모님의 마음이 바로 인仁입니다.

두 번째 구절은 예禮로써 단속하라고 주문했습니다. 예 역시 지와 같은 덕목입니다. 자신의 몸가짐을 되돌아보는 것은 이성적인 판단의 문제이니까요. 결국 공자가 말하고자 하는 것은 의에 맞는 인입니다. 인과 의가 한 사람 안에 균형을 갖추는 것이야말로 공자가 추구하는 인간상입니다. 인과 의가 하나가 되었기 때문에 감정과 이성 어느 쪽에도 치우치지 않아야 합니다. 인을 포함한 모든 감정은 이성의 지휘를 받아야 하며, 모든 지식은 감정이 제대로 나아갈 수 있도록 돕습니다.

'안다'는 것은 한계를 안다는 것입니다. 아는 것을 안다고 하고, 모르는 것을 모른다고 하는 것이야말로 아는 것이죠. 사람은 모든 것을 다 알 수는 없는 것이니까요. 한계를 알기에 최적의 순간에 멈

공자, 사람답게 사는 인의 세상을 열다

출 수 있습니다. 《논어》와 함께 사서四書를 이루는 경전 《대학大學》
은 '큰 배움'이라는 뜻입니다. 《대학》의 첫 구절을 보면 '한계'와 '멈
춤'이 무엇인지 알 수 있습니다.

> "대학의 도는 밝은 덕을 밝히는 데 있으며, 백성을 가까이하는 데
> 있으며, 지극한 선善에서 멈추는 데 있다." - 《대학》

《논어》에서 언급된 공자의 말에도 의義에 맞는 사랑을 확인할 수
있습니다.

> "사랑한다면 수고스럽게 시키지 않을 수 있겠는가?" - 《논어》, 〈헌문〉

> 번지가 스승에게 '인'이 무엇인지 물었다. 공자가 말했다. "사람을
> 사랑하는 것이다." - 《논어》, 〈안연〉

> "사랑하면 살기를 바라고 미워하면 죽기를 바라는 법인데, 이미 살
> 기를 바라고서 또 죽기를 바라는 것이 미혹된 것이다." - 《논어》, 〈안연〉

> "사람으로서 인하지 못한 사람을 너무 심하게 미워해도 난亂이 일
> 어난다." - 《논어》, 〈태백〉

공자는 '인'은 사람을 사랑하는 것[애인(愛人)]이라고 말했습니다. 하지만 사람을 사랑하면서 빠지기 쉬운 함정도 함께 경계했습니다. '애愛'는 '사랑한다'는 뜻도 있지만 인색하다, 팔이 안으로 굽는다는 뜻이 담겨 있습니다. 일방적인 의미나 집착으로 빠질 위험도 있죠. 공자가 말한 사랑[인(仁)]은 '자기애'와 '애타심愛他心'이 포함된 개념입니다. '仁'이라는 한자는 '사람 인'과 '두 이'가 결합되었습니다. 사람 인은 인간적임을 암시하고, '두 이'는 두 사람 또는 두 개의 사랑을 암시하기에 '사랑 애'와는 조금 다릅니다.

사랑에는 여러 가지가 있죠. 연인끼리 나누는 사랑도 있고, 부모와 자식 간의 사랑도 있고, 스승과 제자 간의 사랑도 있습니다. 인은 부모의 사랑을 떠올리면 이해하기 쉽습니다. 부모님들은 우리가 원하는 것을 다 들어주지 않습니다. 싫은 소리도 곧잘 하고 다툴 때도 많죠. 하지만 부모님이 우리를 너무 사랑한 나머지 우리 하자는 대로 다 해 준다면 어떻게 될까요? 인의 구절을 부모의 사랑으로 바꿔서 표현한다면, 부모가 자녀를 사랑하기 때문에 싫은 소리를 하지 않을 수 있겠는가, 부모가 자녀를 사랑하는 것이다, 자녀가 반항이 너무 심하고 부모의 말을 너무 안 들어도 끝내 사랑하는 마음이라고 할 수 있습니다.

공자, 사람답게 사는 인의 세상을 열다

5
의(義)에 따라
행동할 뿐

공자의 말들이 다니는 학교

초등학교와 중·고등학교든, 하다못해 유치원이든 '학교'는 불편한 곳입니다. 규율에 따라야 하고 자유가 제한되기 때문입니다. 잊어버릴 만하면 시험이 돌아오고, 일상생활 안에 촘촘하게 박혀 있는 수행평가는 긴장을 늦출 수 없게 만듭니다. 이러저런 일이 없다고 하더라도 대학수학능력시험 같은 큰 시험을 준비해야 하니 '스트레스 공장'이라고 부르고 싶은 심정입니다. 그런데 말입니다. 그렇게 불편하고 번거로운 학교를 졸업하면 우리는 '학력'을 인정받습니다.

학교에서 우리는 무엇을 배울까요? 가장 먼저 규칙에 복종하고 적응하는 법을 배웁니다. 나의 일정에 학교를 맞추는 것이 아니라 학교의 일정에 나를 맞추어야 하기 때문에 잠자는 시간과 일어나는 시간 등을 학교생활에 맞춰야 합니다. 그리고 선생님의 통제에 복종해야 합니다. 수업 시간에 떠들거나 조는 것 같은 조그마한 일탈은 다소 허용되지만, 수업이 끝나지도 않았는데 학교 밖을 나가거나 아무 이유 없이 학교를 빠져서는 안 됩니다. 학교에서 생활하는 동안에는 여러 가지 욕구를 절제해야 합니다. 수업 시간에 목이 마르다고 해서 바로 물 마시러 갈 수 없고, 급한 용변이 아닌 한 화장실도 쉬는 시간까지 기다려야 합니다. 급하다고 뛰어서도 안 되고 덥다고 함부로 옷을 벗을 수도 없습니다. 집에서 하던 버릇을 학교에서 했다가는 불호령이 떨어집니다.

제가 들었던 학교의 비유를 가지고 이번에는 《논어》에서 표현된 공자의 덕목에 적용해 보겠습니다. 공자가 높이 샀던 덕목들이 '의義의 학교'에 들어가지 않으면 어떻게 망가지고, 또는 이 학교를 무사히 졸업하면 어떻게 성장하는지 살펴보겠습니다.

자로가 물었다. "군자는 용기를 숭상합니까?" 공자가 말하였다. "군자는 의로움을 으뜸으로 삼는다. 군자가 용기가 있고 의로움이 없으면 난을 일으키고, 소인이 용기가 있고 의로움이 없으면 도적질을 할 것이다." - 《논어》, 〈양화〉

공자, 사람답게 사는 인의 세상을 열다

"의로움을 보고도 실천하지 않으면 용기가 없는 것이다."

-《논어》,〈위정〉

"거친 밥을 먹고 물을 마시며 팔베개를 하고 잠을 청해도 즐거움은 또한 그 속에 있으니, 의롭지 못한 부귀영화는 나에게 뜬구름과도 같다."-《논어》,〈술이〉

《논어》에서 '용기'는 인仁, 의義, 학學 등의 덕목과 연결돼 있습니다. 공자의 배움은 실천을 목표로 하기에 용기가 많이 필요하기 때문입니다. 하지만 '의'의 지도를 받지 못한 용기는 난이나 도적질로 변질되기 쉽고, '의'의 부름에 따르지 않은 용기 역시 무가치해지고 맙니다. '부귀영화'도 마찬가지입니다. 의로움이 보증하지 않으면 뜬구름에 불과합니다. '의로운 부귀영화'는 또한 공자의 합리적인 사고방식을 보여 준다는 점에서 흥미롭습니다. 공자가 '돈벌이'를 죄악시하지 않았다는 사실을 보여 주기 때문입니다. 의롭기만 하면 돈이 많은 게 흠이 아니라 공정한 시장 시스템도 충분히 만들어질 수 있고, 부자들의 사회 환원 같은 선행도 충분히 이끌어 낼 수 있기 때문입니다.

'의'는 공자의 모든 덕목을 통제하고 절제하는 선생님 역할을 하고 있습니다. '의'는 여러 가지 덕을 보호하고 위험한 함정에 빠지지 않게 지켜주고 아름답게 성장할 수 있도록 이끕니다. '의'가 선생님

역할을 할 수 있는 까닭은 '앎'[지(知)]이 나오는 곳이 바로 '의'이기 때문입니다. '의'에 빗대어 일을 제대로 처리하기 위해서는 성질을 확실히 이해하고 주변 상황을 자세히 살펴야 합니다. 대상의 성질과 환경에 대해서 정확히 이해해야만 어떤 방법이 가장 효과적이고 타당한지 판단할 수 있습니다. 이 모든 과정은 '앎'을 통하지 않고는 이루어 낼 수 없습니다. 그래서 '의'를 공자의 말들이 다니는 학교의 선생님이라고 부르는 것입니다.

학교에 다니는 학생이 미완성인 것처럼 공자의 여러 가지 덕목 자체는 저마다 가치와 잠재성을 가지고 있지만 불완전합니다. 잘다듬지 않으면 아름다운 가치를 잃어버릴 위험이 있습니다. 그 어떤 덕도 의의 지시에 복종하고 의가 제시하는 절제를 받아들이고 의에게 승인을 받은 다음에야 비로소 그 가치를 빛낼 수 있으며 나쁜 덕에 빠지지 않을 수 있습니다.

수제자 안회를 혼란에 빠뜨린 의의 임기응변

미생무가 공자에게 말했다. "공구는 무엇 때문에 바쁘게 돌아다니는 것인가? 말재주를 부리는 것이 아닌가?" 공자가 대답했다. "내 감히 말재주를 부리는 것이 아니라, 고집불통을 미워하는 것입니다."

-《논어》, 〈헌문〉

공자, 사람답게 사는 인의 세상을 열다

미생무는 공자가 완고함과 고집불통을 싫어하는 것에 염증을 일으켜 의의 신묘한 임기응변을 쓰고 있다는 사실을 파악하지 못하고 단순히 말재간을 부리는 것으로 오해했던 것입니다. 미생무의 완고한 기준으로 볼 때 공자가 때로는 이렇고 때로는 저렇고 하니 서로 모순돼 보인다고 생각할 수도 있습니다. 공자가 인정했던 제자 안회 역시 이 문제 때문에 난감했습니다. "바라볼 때는 앞에 있더니 갑자기 뒤에 있었다"《논어》, 〈자한〉라는 말은 공자의 임기응변하는 모습이 황홀해서 헤아릴 수 없음을 토로한 것입니다.

공자는 "배워야 완고해지지 않는다"《논어》, 〈학이〉라고 말했습니다. 우리는 주변에서 완고한 사람을 자주 볼 수 있습니다. 나이가 어리든 그렇지 않든 완고한 사람의 공통점은 배우려 하지 않는 것입니다. 공자가 말하는 배움은 통장에 쌓이는 돈 같은 것이 아니라 비행기표나 기차표 같은 것입니다. 배움을 통해 예전과는 다른 차원에 접속하는 거죠. 비행기를 타고 목적지에 가면 비행기표는 쓰임을 다한 것입니다. 더 넓은 곳, 더 새로운 곳으로 가려면 새로운 표를 얻기 위해 노력해야 합니다. 그래서 "학문은 따라가지 못할 듯이 하면서도 오히려 때와 사람을 잃을까 두려워해야 한다."《논어》〈태백〉고 말한 것입니다. 익숙한 것을 조심하고 낯선 것을 추구해야 진짜 배움입니다.

《논어》를 읽으면서 가장 이해하기 어려운 대목은 공자의 말이 마치 럭비공처럼 어디로 튈지 모른다는 점일 것입니다. 예컨대 《논어》에서는 많은 제자들이 스승에게 '인'이 무엇인지 질문하지만 공자의 대답은 제각각이었습니다. 번지가 물었을 때는 한번은 "어려운 일을 먼저 하고 보상은 뒤로 한다"고 답했고 다른 때는 "사람을 사랑하는 것"이라고 답했죠. 안회가 물었을 때는 "자기를 단속하고 예를 실천하는 것"이라고 답했고, 중궁이 물었을 때는 "자기가 하고 싶지 않은 것을 남에게 떠넘기지 않는 것"이라고 답했으며, 사마우가 물었을 때는 "말을 조심한다"고 답했습니다. 도대체 어느 말에 장단을 맞춰야 할지 헷갈리고 또 헷갈립니다.

더 헷갈린 것은 자로와 염구가 똑같은 질문을 했을 때 전혀 다르게 대답했다는 겁니다. 이는 공자의 전매특허인 '의의 임기응변'입니다. 제자들이 어떤 개념에 대해서 질문했을 때 공자는 개념을 보지 않고 사람을 봅니다. 제자의 장단점과 특성에 대해서 정확하게 이해하고 이에 맞는 맞춤형 답변을 제시하는 것입니다. 여기서 또 우리는 '의'와 '앎'이 떼어 놓을 수 없는 관계라는 사실을 알 수 있습니다.

'의의 임기응변'은 마치 텅 비어 있는 그릇과 같습니다. 특정한 내용물을 담는 순간 '의'는 고정돼 버리기 때문에 무의미해질 뿐입니다. 하지만 그렇다고 해서 완전히 비어 있는 것은 아닙니다. 도의 그릇에 덕이 차고, 채워진 덕이 다시 도의 그릇이 되었다는 사실을 떠올려 보세요. 의의 덕목은 이처럼 깊은 앎에 바탕을 두고 있으며 완

공자, 사람답게 사는 인의 세상을 열다

고하지 않고 유연하며 상대적이면서도 절대적이기 때문에 무리 없이 모든 덕을 다스릴 수 있습니다. 공자 역시 《논어》에서 '의'에게 최고의 지위를 주고 있습니다.

"군자는 의를 으뜸으로 삼는다." – 《논어》, 〈양화〉

"군자는 천하 사람들에 대해서 오로지 가까이 하는 사람도 없으며 오로지 멀리 하는 사람도 없어서 의로운 사람을 가까이 할 뿐이다." – 《논어》, 〈리인〉

저는 한 지혜로운 아버지로부터 공자의 임기응변과 같은 기술을 들은 적이 있습니다. 그분은 아이가 잘못했다고 해서 혼을 내지는 않으셨습니다. 잘못이 있다면 고치는 것이 목적이지 혼내는 행동은 부차적일 뿐이니까요. 제가 그분을 잊지 못하는 것은 "아이가 큰 잘못을 하면 혼내지 않는다"라고 말씀하셨기 때문입니다. 큰 잘못을 하면 크게 혼을 내야 하는데, 왜 그분은 거꾸로 이야기했을까 궁금했습니다. 그분은 "아이가 큰 잘못을 저지르면, 그 자체가 아이에게 형벌이 될 것이기 때문"이라고 말씀하셨습니다. 그분의 짧은 대답이 공자의 신묘한 임기응변을 잘 묘사하고 있습니다.

6

예(禮)를 모르면
서 있을 수조차 없다

공자의 말들이 졸업한 학교

《논어》의 다섯 가지 중요 개념 중에서 가장 마지막은 '예禮'입니다. 예가 도, 덕, 인, 의와는 분명하게 구분되는 점이 있습니다. 다른 개념은 잘 안 보이지만 예만큼은 눈에 확 띈다는 점입니다. 예는 공자 공부의 출구와도 같습니다.

"예가 아니면 보지 말며, 예가 아니면 듣지 말며, 예가 아니면 말하지 말며, 예가 아니면 움직이지 말라."-《논어》, 〈안연〉

"아버님께서 홀로 서 계실 때 제가 종종걸음으로 뜰을 지나는데,

공자, 사람답게 사는 인의 세상을 열다

'예'를 배웠느냐고 물으시기에 '못 배웠습니다'라고 대답하였더니, '예'를 배우지 않으면 설 수 없다고 하셔서 제가 물러나 '예'를 배웠습니다." - 《논어》, 〈계씨〉

우리는 모두 사회를 살아갑니다. '사회'라는 건 수많은 전쟁과 살상, 약탈이라는 성장통을 거치면서 성장합니다. 마치 사춘기처럼. 인류는 서로 빼앗고 죽이고 전쟁하다가 이렇게만은 살 수 없겠다 생각했습니다. 어떻게 하면 불행을 최소화하고 행복하게 어울릴 수 있을까 고민하다가 규칙과 약속을 만들었습니다. 공동체에는 규범이 있고, 사회인으로서 개인에게도 행동 규범이 있고, 관계에도 규범이 있습니다. 이것을 정해 놓은 것이 바로 예입니다. 그러니까 예는 일종의 사회적 약속입니다. 사적인 곳에서나 사적인 관계에서는 격의 없이 지낼 수 있지만, 공적인 공간으로 넘어가는 순간 예를 써야 합니다. 공자의 시대에는 예를 알아야 사회적 존재로서 설 수 있고, '시詩'를 알아야 사회적 존재로서 말할 수 있었습니다. 공자는 사회 관계 속에서 자신의 역할을 매우 중요하게 생각했기 때문에 틈만 나면 학당에서 예법 공부를 시켰습니다. 공자가 죽은 후로 300여 년이 지났을 때 역사가 사마천은 공자의 학당을 지나친 적이 있었습니다. 거기서 본 것도 바로 예를 익히는 모습이었습니다.

노나라에 갔을 때, 공자의 묘당, 수레, 의복, 예기禮器를 참관하던 중, 여러 유생들이 그 집에서 때때로 예를 익히는 것을 보니 존경하여 사모하는 마음이 우러나 머뭇거리며 그곳을 떠날 수가 없었다.

– 사마천, 《사기세가》, 〈공자세가〉

《논어》의 첫머리에 나온 '학이시습지學而時習之'가 사실은 '예 공부'였다는 걸 암시하고 있죠. 무엇이 사마천으로 하여금 존경과 사모의 마음을 불러일으켰을까요? 단아한 예는 사람의 마음을 경건하게 만듭니다. 위에 든 《논어》의 구절을 보면 '예'도 '의'처럼 행동을 지도하는 역할을 한다는 사실을 알 수 있습니다. 공자 역시 예와 의에 동등한 권위를 부여하는 말을 한 적이 있습니다.

"군자는 의로써 바탕을 삼고, 예로써 그것을 행하며, 공손함으로써 그것을 내며, 믿음으로서 그것을 이루니, 군자답도다!"

– 《논어》, 〈위령공〉

"윗사람이 예를 좋아하면 백성들이 감히 공경하지 아니함이 없고, 윗사람이 의를 좋아하면 백성들은 감히 복종하지 아니함이 없다."

– 《논어》, 〈자로〉

의와 마찬가지로 예의 통제와 절제를 받지 않으면 아무리 좋은 덕도 엇나갈 수밖에 없습니다. 예의 절제를 받아들이지 않으면 어떤

공자, 사람답게 사는 인의 세상을 열다

함정에 빠질까요? 《논어》의 설명을 들어보겠습니다.

"공손하되 예가 없으면 수고롭고, 삼가되 예가 없으면 두렵고, 용맹
스럽되 예가 없으면 혼란하고, 강직하되 예가 없으면 야박하다."
－《논어》, 〈태백〉

"인만 좋아하고 배우기를 좋아하지 않으면 그 폐단은 어리석게 되
는 것이고, 지혜만 좋아하고 배우기를 좋아하지 않으면 그 폐단은 방
자하게 되는 것이고, 믿음만 좋아하고 배우기를 좋아하지 않으면 그
폐단은 해치게 되는 것이고, 곧음만 좋아하고 배우기를 좋아하지 않
으면 그 폐단은 야박하게 되는 것이고, 용맹만 좋아하고 배우기를 좋
아하지 않으면 그 폐단은 어지럽게 되는 것이고, 굳셈만 좋아하고 배
우기를 좋아하지 않으면 그 폐단은 미치광이처럼 되는 것이다."
－《논어》, 〈양화〉

예를 배우고 예를 알아야 실수하지 않을 수 있기 때문에 공자의
학당에서는 틈만 나면 예법을 공부했습니다. 예는 의와 같이 앎과
밀접한 관계가 있습니다. 공자에게 배운다는 것은 예를 배운다는 것
이기도 합니다. 공자의 제자 유자는 스승의 가르침을 잘 닦아서 "예
로써 절제하지 않으면 또한 행동해서는 안 되는 것이다"《논어》, 〈학이〉
라고 말했습니다.

국가 정치와 예의 관계

예를 모르면 국가도 설 수 없습니다. 공자가 활동했던 춘추시대를 기록한 역사서 《춘추좌전》에는 예를 다하지 않아서 죽은 임금의 이야기가 나옵니다. 기원전 495년에 노나라 임금 정공과 이웃나라 주나라의 은공이 상견례相見禮를 했습니다. 공자의 제자 자공은 두 임금의 예법을 유심히 관찰하더니 둘 다 곧 세상을 떠날 것임을 예견했습니다. 주은공은 옥을 받든 자세가 너무 높아 고개를 위로 쳐든 모양새가 되었고, 정공은 옥을 받는 자세가 너무 낮아 고개를 아래로 숙이는 모양새가 되었습니다. 자공은 두 임금이 곧 죽을 것이라는 근거를 이렇게 제시했습니다.

"자세를 높이고 고개를 쳐드는 형상은 교만과 오만을 나타내고, 자세를 낮추고 고개를 숙이는 것은 쇠약해지는 것을 나타낸다. 교만하면 난을 일으키기 쉽고, 쇠약하면 질병에 걸리기 쉽다."
–《춘추좌전》, 〈노 정공〉

아니나 다를까 그 해 여름 노나라 정공이 세상을 떠나고 말았습니다. 이 일을 미루어 본다면 예는 사회적인 약속에 머무르는 것이 아니라 때로는 개인의 삶과 국가의 운명을 결정지을 때도 있다는 사실을 알 수 있습니다.

"예는 생사존망生死存亡의 기본"《춘추좌전》〈노정공〉이라고 말하는 이

유가 여기 있습니다. 고대인들은 마치 명탐정 같습니다. 아주 조그만 낌새를 보고 그 결과를 예측하는 문화가 매우 섬세하게 자리잡았거든요. 이것을 '조짐'이라고 하죠. 어떤 사람이라도 자신의 말이나 행동, 또는 사소한 습관을 자세히 살펴보고 다듬으려고 노력하면 주변의 시선이 눈에 띄게 좋아진다는 걸 알 수 있습니다.

사람 사이에도 예가 있듯이 국가와 국가 사이에도 예가 있고, 나라를 다스리는 데도 예가 있습니다. 공자는 《논어》에서 '예'를 국가 정치의 기본이라고 말했습니다.

"지혜가 미치며, 인이 지킬 수 있으며, 장중함으로 임하더라도, 백성들을 움직일 때 예로써 하지 않으면 좋은 결과를 기대할 수 없다."
-《논어》, 〈위령공〉

"예와 겸양으로 나라를 다스릴 수 있다면 무슨 어려움이 있겠는가? 예와 겸양으로 나라를 다스리지 못한다면 예로 무엇을 하겠는가?"
-《논어》, 〈리인〉

"인도하기를 정치로써 하고 다스리기를 형벌로써 하면 백성들로 하여금 형벌을 면하게는 할 수 있으나 부끄러워함은 없다. 인도하기를 덕 있는 사람을 등용해서 하고, 다스리기를 예로써 한다면 부끄러워함이 있고 또한 감동할 것이다."-《논어》, 〈위정〉

공자는 나라를 다스릴 수 없는 예라면 배울 가치도 없다고 말할 정도로 국가 정치와 예가 직접적인 관계가 있다고 생각했습니다. 예로써 다스린다는 것은 무엇일까요? 학교에서 학생들이 잘 따르는 선생님이 있고, 눈치를 보면서 살살 피하는 선생님이 있습니다. 눈치를 피하는 까닭은 툭 하면 혼내기 때문입니다. 떠든다고 혼나고, 딴짓한다고 혼나고, 준비물 안 가져왔다고 혼내면 다음에는 잘 할까요? 반면, 학생들이 잘 따르는 선생님은 자주 혼을 내지는 않고 학생들을 존중합니다. 학생이 어리다고 무시하지 않고 경청하며 최대한 학생의 입장에서 생각하려고 노력합니다. '선생님과 학생의 관계'를 잘 관찰하면 '예와 정치'와의 관계를 더 잘 이해할 수 있을 것입니다.

죽은 예의 정신과 살아 있는 예의 정신

"예, 예 하지만 옥과 비단을 말하는 것이겠는가? 음악 음악 하지만 종과 북을 말하는 것이겠는가?" - 《논어》, 〈양화〉

"계씨가 자기 집 뜰에서 팔일무를 추게 했는데, 임금이 이를 참을 수 있다면 무엇을 참지 못하겠는가?" - 《논어》, 〈팔일〉

"장문중은 점치는 거북을 샀으며, 집의 기둥머리에 산을 그리고 동자기둥에 수초 그림을 그렸으니, 어떻게 그가 예를 안다고 하겠는가?" - 《논어》, 〈공야장〉

노나라에는 주례가 남아 있기는 했지만 이미 주나라가 몰락해 가는 상황이었기 때문에 유명무실했습니다. 당시의 예는 과시의 수단으로 전락했습니다. 공자가 안연에게 "자기를 이겨내고 예를 회복하는 것이 인"이라고 말한 것도 충분히 이해가 갑니다. 예의 '1도 모르는' 행태를 좀 벗어 보자는 의지의 표현이니까요. 옥과 비단은 고대 의례에 자주 쓰던 물건이었습니다. 하지만 좋은 뜻은 다 사라지고 물건만 남았죠. 제나라의 정치가 왕을 본떠 설치했다던 '색문'은 궁실로 들어가는 문 뒤에 세워 놓은 문병門屏입니다. 밖에서 안이 들여다보이지 않게 가로막는 담이었죠. '반점'은 외국의 군주를 초대하여 연회를 벌일 때 술잔을 되돌려 놓는 토대였습니다. 모두 예법에 쓰이던 중요한 물건들이었습니다. '팔일무'는 천자만이 예식에 쓸 수 있었던 8열로 추던 춤이었고, 제후의 육일, 대부의 사일과 함께 엄격하게 지켜지던 예의 시스템이었습니다. 하지만 《논어》에 언급된 팔일무는 안타깝게도 예의 시스템이 붕괴된 현실을 상징하는 춤이 되었죠.

예는 밖으로 표현되기 때문에 꾸밈이 있을 수밖에 없습니다. 임금이 입는 곤룡포나 왕비가 입는 고귀한 옷들을 보십시오. 용이 그려진 화려한 옷을 입은 임금이 마치 한 마리 용처럼 전국 방방곡곡을 날아다니면서 백성들의 고단하고 비참한 삶을 구석구석 살펴서 정치적으로 해결한다면 얼마나 아름다울까요? 하지만 임금이 무책임하게 사치나 일삼고 귀한 음식과 술에 빠져 산다면 어떨까요? 임금이

입은 화려한 옷은 마치 죽은 용의 시체처럼 싸늘할 것입니다. 그것이 바로 예의 죽음입니다. "예는 사치스럽기보다는 차라리 검소해야 하며, 상례는 잘 치르기보다는 차라리 슬퍼해야 한다"《논어》, 〈팔일〉라는 말은 바로 이 때문에 나온 것입니다. 공자가 살던 때는 '죽은 예의 시대'였으니까요. 어느 시대든 물건이 사람을 앞서면 안 됩니다.

"사람으로 인하지 않으면 예로 무엇을 하겠으며, 사람으로서 인하지 않으면 악樂으로 무엇을 하겠는가?" - 《논어》, 〈팔일〉

"베로 만든 면류관이 예에 맞지만 지금은 생사로 만드니, 검소하다. 나는 대중을 따르겠다. 마루 아래에서 절하는 것이 예인데, 지금은 위에서 절하니, 교만하다. 나는 비록 대중과 어긋난다 하더라도 아래에서 절하겠다." - 《논어》, 〈자한〉

'제사를 지내며 있는 듯이 했다'는 것은 신이 있는 듯이 제사지냈다는 말이다. 공자가 말했다. "내가 제사에 참여하지 못하면 제사를 지내지 않는 것과 같다." - 《논어》, 〈팔일〉

제사를 지낼 때 제사상 위에 생전에 고인故人이 좋아했던 음식이나 물건을 놓는 것은 '살아 있는 예의 정신'을 잘 보여 줍니다. 예는 당연히 따라야 하는 법이 아니라 상황에 따라서 재량껏 선택하는 것이죠. 시대가 지남에 따라서 많은 것들이 변하니까요. 하지만 시간이 지나더라도 변하지 않는 절대적인 가치도 있습니다. 살아 있는 예의 정신은 절대적인 것과 상대적인 것을 '나답게' 판단하는 것입니다. 이것이 죽었기 때문에 '꾸밈'만 남았고 화려하고 사치스러운 껍데기만 남은 것입니다. 공자는 이것이야말로 '우리가 진정으로 극복해야 할 과제'라고 생각했습니다. 공자의 말로 표현하면 '문질빈빈文質彬彬', 즉 "꾸밈과 바탕이 적당히 균형을 이룬 후에야 군자"《논어》, 〈옹야〉인 것입니다.

7
군자(君子)의 말에는
구차함이 없다

《논어》의 다섯 기둥이 모이는 곳

도, 덕, 인, 의, 예. 《논어》의 다섯 가지 중요 개념은 서로 얽히고 견제하고 함께 나아갑니다. 그리고 한곳에서 모입니다. 바로 '군자'입니다. 공자는 도덕 실천가이며, 그가 학문을 하는 목적 역시 좋은 삶을 살기 위해서입니다. 배운 것을 바로 몸가짐으로 실천하고 세상을 혼란으로부터 지키려고 하는 것이지 학문 그 자체를 위해서 학문을 하지는 않았습니다. 우리는 여기서 공자에게 한 가지 성격을 추가해야 합니다. 그건 바로 '전략가'입니다. 세상의 혼란을 다스리거나, 좀 더 따뜻하고 좋은 세상을 만들려면 어떻게 해야 할까요? 세상의 혼란을 부추긴 사람들이 과연 누구인지 파악해야 하고, 그들과 싸

공자, 사람답게 사는 인의 세상을 열다

워서 승리를 거둬야 합니다. 앙시앙 레짐(ancien régime)이라고 불리는 '구질서'를 깨뜨리기 위해서는 치밀한 전략을 세워야 합니다. 더군다나 공자의 시대처럼 혼란이 겹겹이 쌓인 경우에는 좀 더 장기적인 전략이 필요합니다.

> "천하에 도가 있으면 예악과 정벌이 천자로부터 나오고, 천하에 도가 없으면 예악과 정벌이 제후로부터 나온다. 제후로부터 나오면 10대에 넘기는 경우가 드물고, 대부로부터 나오면 5대를 넘기는 경우가 드물고, 가신이 정권을 잡으면 3대를 넘기는 경우가 드물다."
> -《논어》, 〈계씨〉

> "임금이 벼슬 주는 권한이 없어진 지 5대가 되었고, 정치 권력이 대부에게 흘러간 지 4대가 되었다. 때문에 세 대부의 자손이 미약해진 것이다."-《논어》, 〈계씨〉

정치에 대한 개념이 없거나 합리적으로 통치되지 않는 모든 권력은 비가 새는 집처럼 질질 새기 마련입니다. 이를 '권력 누수'라고 합니다. 권력이 이리저리 새고 흔들리면 대부분의 국민들이 큰 고통을 받기 때문에 어느 시대든 권력을 합리적으로 개혁하고 견제와 균형을 갖춘 정치 시스템을 만들기 위해서 힘씁니다. 공자는 당시에 권력이 새고 있다는 사실을 훤히 꿰고 있었습니다. 공자의 모국인 노나라만 해도 양호가 세 명의 대부를 없애고 자신의 동료들로 채워 넣어 나라를 꿀꺽하려는 음모가 거의 성공할 뻔했으니 얼마나 한심한 정치였겠습니까? 공자가 바꾼 정치문화를 바탕으로 전략을 추론하면 이와 같습니다.

'양호나 필힐, 공산불요가 나라를 휘청거리게 할 수 있다면 나라고 못 할 게 뭐가 있겠는가? 하지만 꼼수를 쓰지 않고 정수를 쓰리라. 나는 그 자리에 군자를 세우겠다!'

고구려 광개토대왕의 영광 뒤에는 할아버지 소수림왕이 있습니다. 소수림왕은 아버지 고국원왕이 전쟁터에서 전사하고 나라가 바람 앞의 촛불처럼 위태로웠을 때 왕위에 올랐습니다. 그리고 끝내 고구려 제국의 주춧돌을 놓았죠. 세종대왕의 영광 역시 태종의 '피의 숙청'이라는 배경이 있었습니다. 조선의 왕권을 반석 위에 놓고 대신과 외척 등 아들의 앞길에 위험 요소가 될 수 있는 사람들을 다 제거했기 때문에 성군聖君 세종이 가능했습니다. 공자의 위대한 점은 스스로 하지 않았다는 점입니다. 열정을 다해 제자를 군자로 만들었고, 그들로 하여금 중국 정치를 개혁했습니다.

"만일 왕도를 실천하는 사람이 있더라도 반드시 한 세대 이후에야 백성들이 어질게 될 것이다." -《논어》, 〈자로〉

공자가 진陳나라에 있을 때 말했다. "돌아갈 것이다! 돌아갈 것이다! 우리 고을의 젊은이들은 뜻이 커서 찬란하게 빛나지만, 내가 어떻게 마름질해야 할지 모르겠구나!" -《논어》, 〈공야장〉

공자가 스스로 정치 개혁을 하지 않고 30년 후를 생각하면서 군자 만들기 프로젝트로 전환한 것은 어찌 보면 당연합니다. 적폐積弊는 오랫동안 쌓이고 쌓인 폐단입니다. 오래 쌓인 문제이니 풀어내는 것도 오랜 시간이 필요합니다. 게다가 공자가 스스로 해 보려고 시도했다가 벽에 부딪치면서 단념에 이른 사연도 있습니다. 불합리한 세상을 뜯어고치고 싶은 사람은 공자가 시도한 방법을 진지하게 살펴볼 필요가 있습니다. 오랫동안 쌓인 정치 혼란이나 사회의 온갖 불평등과 불공정함을 짧은 시간에 날려 버리겠다고 말하는 것은 대부분 거짓말이었다는 사실이 밝혀졌으니까요. 공자는 '군자'라는 개념을 어디서 빌려 왔고, 어떻게 키웠을까요?

옛 군자의 정신을 재발견한 공자

"군자답도다, 거백옥이여! 나라에 도가 있으면 벼슬하고 나라에 도가 없으면 거두어 감출 수 있었다." -《논어》, 〈위령공〉

주공이 아들 백금을 노나라 임금으로 임명하며 말했다. "군자는 친척을 버리지 않으며, 대신으로 하여금 써 주지 않는 것을 원망하지 않게 하며, 옛 친구나 오래된 사람에게 큰 연고가 없으면 버리지 않으며, 한 사람에게 다 갖추기를 요구하지 아니한다." - 《논어》, 〈미자〉

《논어》의 가장 중요한 개념인 '군자'를 살필 때 한 가지 주의할 점이 있습니다. "나는 다만 전할 뿐 새로 창작하지 않는다"라는 공자의 술이부작述而不作 정신을 잊지 말아야 합니다. 새로운 개념이나 공을 공자에게 미루지 않는 것이 매우 중요합니다. 예컨대 중국의 역사가 안핑 친은 "사회적 신분과 혈통을 가리키던 말이었던 '군자'는 공자 무렵에 와서 도덕적 의미를 띠게 되었고, 갈수록 고귀한 품성을 가리키는 쪽으로만 쓰이게 되었다."[안핑 친, 《공자평전》]라고 말했습니다. 이 구절을 읽으면 공자가 '군자'라는 옛 말을 가져다가 새로운 개념을 입혀서 완전히 새로운 개념을 창조한 것처럼 보입니다. 이것은 공자의 방법이 아닙니다. 공자가 살기 이전에도 '군자'는 사회적 신분과 혈통뿐 아니라 도덕적인 개념도 풍부한 개념이었습니다. 다만 공자 시대에 잊혔을 뿐이죠. 공자는 '군자'라는 개념이야말로 당대에 꼭 필요하다고 생각해서 뽑아내고 당시 실정에 맞게 가다듬었을 뿐입니다. 예컨대 《논어》에서는 '너희들' 또는 '여러분들'이라는 호칭으로 공자가 제자를 부를 때 '군자'라는 단어를 사용할 때가 많습니다. 제자들을 예비 군자로 대우하고 열심히 공부해서 군자가 되자는 염원이 담긴 명칭이죠. 공자가 태어나기 이전에 '군자'라는 말이 어떤 의미로 쓰였는지 살펴볼 필요가 있습니다.

공자, 사람답게 사는 인의 세상을 열다

기원전592년 진나라의 재상 범무자가 퇴임하면서 자신의 지위를 계승할 아들에게 충고합니다. '기쁨과 노여움을 예법에 맞게 하는 경우가 드물다'는 당시의 속담을 꺼내며 감정에 주의하라고 말하죠.

《시경》〈소아·교언〉에 이르기를 '군자가 노하면 혼란이 거의 대부분 진압되고, 군자가 기뻐하면 혼란이 거의 대부분 사그라든다'고 했다. 군자의 '기쁨과 분노'는 혼란을 막기 위한 것이다. 만약 이를 잘못 표현하면 반드시 혼란을 더 키우게 된다. (중략) 너는 대부들을 좇아 오직 공경한 자세로 일을 처리하도록 하라." – 《춘추좌전》, 〈노선공〉

"오직 어진 사람이라야 사람을 좋아할 수 있고 사람을 미워할 수 있다"《논어》, 〈리인〉는 사고방식이 공자 이전부터 소중하게 전해지고 있었다는 사실을 알 수 있습니다. '군자'는 정치 권력을 사용할 수 있는 지위에 있는 사람만을 가리킬 뿐 아니라 그 지위에 어울리는 사람을 가리키는 명칭이었음을 확인할 수 있습니다.

공자가 여덟 살이던 기원전 544년 명망과 존경을 한몸에 받았던 오吳나라 공자 계찰이 노나라를 방문해 숙손목자에게 충고했습니다. 숙손목자는 노나라의 세 대부 가운데 한 명인 숙손씨 가문의 대부였습니다.

"내가 듣건대 '군자는 현인을 찾는 데 모든 노력을 기울여야만 한다'고 했소. 그대는 노나라 임금과 같은 가문으로서 국정을 맡고 있으면서도 사람을 신중하게 천거하지 못하니 어찌 그 자리를 감당하겠소? 화가 반드시 그대에게 미칠 것이오." -《춘추좌전》, 〈노양공〉

"곧은 사람을 등용해서 굽은 사람 위에 둔다"《논어》, 〈위정〉는 공자의 정치사상이 오래된 군자의 정신에 담겨 있다는 것을 알 수 있습니다. 정치는 사람을 제 자리에 쓰는 것 이상도 이하도 아니라는 사실을 공자는 잘 알고 있었습니다. '공숙문자'는 이것을 잘해서 공자의 찬사를 받았고《논어》, 〈헌문〉, '장문중'은 이걸 제대로 못해서 공자의 비난을 받았습니다.《논어》, 〈위령공〉

세습 귀족이었던 군자가 자신의 지위에 어울리는 정치를 했다면 공자 역시 굳이 정치 개혁을 하겠다는 생각도 하지 않았을 것이고, 제자들을 군자로 키워서 정치의 무대에 세우려는 생각도 하지 않았을 것입니다. 하지만 당시는 유명무실해진 예법처럼 '군자' 역시 특권과 쾌락만 있을 뿐 책임이 없어졌기 때문에 바꾸지 않을 수 없었습니다.

공자의 정치는 합리적인 인재 추천입니다. 덕성과 능력을 갖춘 사람, 즉 군자를 능력에 맞는 지위에 앉히면 되는 것이죠. 다만 공자 이후부터 달라진 것은 '덕성과 능력'이 '세습'을 대신했다는 점입니다. 공자는 평생 동안 사랑과 열정을 쏟아 부으며 제자를 군자로 키웠습니다. '공자의 군자들', 한 외국 연구가의 표현을 빌리면 "도의 기사단"에 출신 성분은 중요하지 않았습니다.

> 공자가 중궁을 평가하며 말했다. "얼룩소 새끼가 색이 붉고 또 뿔이 좋으면, 비록 쓰지 않고자 하나 산천의 신이 그것을 버려두겠는가?"
> ─《논어》,〈옹야〉

공자가 군자의 기준을 세우고 그들을 정치 무대로 세우면서 강력한 바람이 일어났습니다. '군자'의 품위에 맞지 않는 자는 자동적으로 '비군자'로 분류되며 정치의 자격을 의심받았기 때문입니다. 덕성과 실력은 없으면서 좋은 가문에 태어난 이유로 군자의 자리에 앉아 있는 사람들은 좌불안석일 수밖에 없었습니다. 군자는 아니지만 군자 흉내라도 내지 않을 수 없었죠. 이렇게 공자와 그의 제자들은 군자다운 군자를 세우자는 캠페인을 수십 년 동안 진행했고, 그 결과 중국에서 귀족정치는 종말을 고하게 되었습니다. 후세의 연구가들은 이러한 변화를 이끌어 낸 공자를 '혁명가'라고까지 평가하기도 했습니다.《논어》에서는 '군자'가 어떻게 세워져 있는지 살펴보겠습니다.

군자고궁(君子固窮), 군자의 길은 멀고도 험하다

진陳나라에 있을 때 양식이 떨어져 따르는 자들이 병들어 일어나지 못하였다. 자로가 화가 나서 공자를 뵙고 말하였다. "군자도 역시 곤궁함이 있습니까?" 공자가 말했다. "군자는 본래 곤궁한 때가 있으니, 소인은 곤궁하면 곧 함부로 행동한다." - 《논어》, 〈위령공〉

무엇인가 중요한 것을 잃고 나서 되찾으려면 힘들 수밖에 없습니다. 잃어버린 나라를 다시 찾으려고 애쓴 독립운동가를 상상해보세요. 잃어버린 군자를 찾는 것 역시 쉽지 않은 길입니다. 도, 덕, 인, 의, 예라는 덕목을 몸에 새기는 것도 쉽지 않습니다. "널리 찾아 연구하고 몸가짐으로 묶어라"는 '박문약례博文約禮의 정신'《논어》, 〈옹야〉, 〈자한〉, 〈안연〉은 군자가 달성해야 할 가장 중요한 의무입니다. 공자의 제자들과 공자의 정신을 존경하는 수많은 선비들은 배운 것을 배신하지 않기 위해서 실천에 힘썼습니다. 그 결과 군자와 선비 하면 품격 있는 인간의 모습이 떠오르는 것입니다.

《논어》에서 강조하는 군자는 인의仁義가 한 몸에 갖춰진 사람입니다. 세상이 앓는 병을 바라보는 차가운 이성과 사람들의 고통을 어루만지는 따뜻한 시선을 가지고 있기 때문에 누구나 한 번 보면 존경심이 듭니다. "군자는 널리 어울리되 패거리를 만들지 않는다"《논어》, 〈위정〉라는 말을 실천하려면 이성과 원칙만 있어서는 안 됩니다. 세상에는 별난 사람이 다 있고, 때로는 성품이 좋지 않은 사람과도 함께 일을 해야 합니다. 군자는 완벽한 사람들끼리만 어울리는 것이 아니라 뭔가 결함이 있는 사람들과도 수더분하게 잘

공자, 사람답게 사는 인의 세상을 열다

지내지만 그들에게 아첨하거나 패거리를 이루지 않고 적당히 균형을 유지할 수 있습니다. 진정한 군자는 산에 올라가 도를 닦지 않고, 사람들 안에서 닦죠. 인격적으로 완성돼 있기 때문에 조급하지 않고 여유롭습니다.

"군자는 평온하여 느긋하지만 소인은 늘 조마조마하여 초조해 한다." -《논어》, 〈술이〉

공자는 온화하면서도 엄숙하며 위엄이 있으면서도 사납지 않으며 공손하면서도 편안하였다. -《논어》, 〈술이〉

사마우가 군자에 대해서 묻자 공자가 말했다. "군자는 걱정하지 않으며 두려워하지 않는다." "걱정하지 않으며 두려워하지 않으면 곧 군자라고 할 수 있습니까?" 공자가 말하였다. "안으로 반성하여 꺼림칙하지 않으니, 무엇을 걱정하며 무엇을 두려워하겠는가?" -《논어》, 〈안연〉

우리 시대를 '불안의 시대'라고도 하는데, 어린아이건 어른이건 원인 모를 불안에 시달려 그렇게 부릅니다. 공자의 시대는 불안과 혼란 투성이었고, 공자의 인생 역시 고통과 불행의 연속이었지만 공자의 마음은 왜 이렇게 여유롭고 편안할 수 있었을까요? 그것은 군자의 성품을 완성했기 때문입니다. 공자는 세상을 변화시키기 위해서 공부하고 실천을 했지만, 그 공부의 시작은 '자기를 위한 공부'였습니다.

> "옛날에 공부하는 사람은 자신을 위했고, 오늘날에 공부하는 사람은 남을 위한다." - 《논어》, 〈헌문〉

남을 위해 하는 공부는 남의 눈치를 보고, 남의 평가를 기다려야 하니 마음이 불안할 수밖에 없습니다. 하지만 자신을 위한 공부는 남의 눈치를 봐야 할 필요가 없기에 편안합니다. 자신을 위한 공부는 자신의 욕심이 아니라 '사람다움'을 위한 공부이기 때문에, '나다움'이라는 것은 곧 '사람다움'과 통하고, 결국 '군자다움'이 되는 것입니다. 공자의 가르침과 사랑을 받아 마음의 안정을 얻은 군자들과 부, 권력을 가지고 있지만 끊임없이 불안에 시달렸던 당시의 권력자들이 겨룬다면 승부가 어느 쪽으로 기울 것인지는 안 봐도 알 수 있는 일입니다.

생각이 자라는 질문

1. 우리 시대에도 군자가 필요할까요?
2. 도, 덕, 인, 의, 예 같은 《논어》의 덕목을 애써 실천해야 하는 이유는 뭘까요?
3. 연구 활동에 힘 쏟는 지식인과 사회 발전에 힘 쏟는 지식인을 비교해 봅시다.

공자, 사람답게 사는 인의 세상을 열다

Part 3

공자와 논어에
대한 평가

옛것을 좋아하여 힘써 구한 사람 | 혹시 주나라를 계승하는 자가 있다면 300년
뒤에도 알 수 있다 | 내게 잘못이 있으면 남들이 반드시 알아보는구나 | 도가 행
해지지 않으니 뗏목을 타고 바다를 건너야겠다 | 천하가 모두 내 형제 | 오직 여
자와 소인은 기르기가 어렵다

1
옛것을 좋아하여
힘써 구한 사람

《논어》의 인물들은 공자를 어떻게 평가할까?

"이런 식이십니다. 선생님의 세상 사정에 어두운 것이! 어떻게 바로잡을 수 있겠습니까?"-《논어》, 〈자로〉

재아가 물었다. "삼 년상은 기간이 너무 깁니다. 군자가 삼 년 동안 예를 행하지 않으면 예가 반드시 무너지고, 삼 년 동안 음악을 익히지 않으면 음악이 반드시 무너질 것입니다. 묵은 곡식이 다 없어지고 새 곡식이 오르며, 부싯돌을 갈아 불을 바꾸니, 일 년이면 될 것입니다." 공자가 말했다. "쌀밥을 먹고 비단옷을 입는 것이 너에게는 편안하냐?" "편안합니다." -《논어》, 〈양화〉

공자, 사람답게 사는 인의 세상을 열다

염구가 말하였다. "선생님의 도를 좋아하지 않는 것은 아니지만, 힘이 부족합니다." 공자가 말하였다 "힘이 부족한 자는 길을 가다가 그만두게 되는데, 지금 너는 선을 그었구나." - 《논어》, 〈옹야〉

《논어》에는 공자와 제자들의 토론이 자주 보입니다. 때로는 격한 토론이 오갈 때도 있습니다. 제자들은 주로 스승의 고리타분하고 원칙적인 면을 비판했습니다. 공자는 송나라 사람답게 원칙을 고수하고 과묵한 천성이 있지만 유연한 사고도 심심찮게 볼 수 있습니다. 자로는 위나라 임금을 돕는다면 명분을 바로잡는 일을 최우선으로 하겠다고 하는 스승의 말을 은근히 비꼬았습니다. "백성이 있고 사직이 있으니 하필 《상서》를 읽은 뒤라야 학문을 하는 것이겠습니까?" 《논어》, 〈선진〉라는 말에서도 알 수 있듯이 자로는 농민 출신답게 이론보다는 실질적인 것을 좋아합니다. 공자의 가르침이 아무리 좋아 보여도 '공부가 밥 먹여 주나' 하는 의구심이 남아 있었죠. 재아는 거기에다 현대적이고 합리적인 시각이 더해졌습니다. '삼년상' 문제는 당시에도 매우 논란이 되었던 것으로 보입니다.

염구는 두 사람에 비해서 더욱 현실적이고 세속적이라고 할 수 있습니다. 바쁜 생활인이자 직장인인 염구 입장에서는 선생님이 읽으라는 책도 쌓여 있고, 숙제도 제때 하지 못하니 진도를 따라가기가 무척 어려웠습니다. 공자의 유학은 배워야 할 게 무척 많고, 예법은 번거롭기 때문에 당시에도 비판의 목소리가 많았습니다. 공자의 제자들은 완곡한 이의 제기를 통해서 공자에 대한 세상의 비판을 대변했다고 할 수 있습니다.《논어》에는 공자를 대놓고 부정하고 비난하는 인물들도 많이 나옵니다. 어떻게 이런 인물들이 담길 수 있었을까 의아하지만, 이것이야말로 날것 그대로 보여 주는 《논어》의 매력이라고 할 수 있습니다.

장저와 걸익이 짝을 이루어 밭을 가는데 공자가 그곳을 지나다가 자로에게 나루를 묻게 했다. 장저가 말했다. "수레 고삐를 잡고 있는 사람은 누구인가?" 자로가 말하였다. "공구라고 합니다." "그는 노나라의 공구인가?" "그렇습니다." "그는 나루를 알 것이오." 걸익에게 물으니 걸익이 말했다. "당신은 누구인가?" "자로라고 합니다." "그대는 노나라 공구의 제자인가?" "그렇습니다." "도도하게 흐르는 것은 천하가 다 그러하니, 누구와 더불어 그것을 바꾸겠는가? 또 그대는 사람을 피하는 선비를 따르는 것이 어찌 세상을 피하는 선비를 따르는 것만 같겠는가?" 하고 써레질을 그치지 않았다. 자로가 돌아가 사실을 말하자 공자가 머쓱해서 말했다. "새와 들짐승이 함께 무리 지어 살 수는 없으니, 내가 이 사람의 무리와 더불어 함께하지 않고 누구와 함께하겠는가? 천하에 도가 있다면 내가 참여하여 바꾸려 하지 않을 것이다." - 《논어》, 〈미자〉

공자, 사람답게 사는 인의 세상을 열다

자로가 따라가다가 뒤에 처졌는데, 삼태기를 멘 노인을 만났다. "어르신께서는 우리 선생님을 보셨습니까?" 노인이 말했다. "사지를 부지런히 하지 않고 오곡을 분별하지 못하니, 누구를 선생님이라 하겠는가?"하고, 막대기를 놓아두고 김을 매었다. 자로가 두 손을 공손히 마주잡고 서 있으니, 자로를 머물러 자게 하고 닭을 잡고 기장밥을 지어 먹이고 자신의 두 아들을 인사시켰다. 다음날 자로가 보고하니 공자가 "은둔자다" 하고 자로에게 돌아가 만나 보게 하였는데, 도착해 보니 떠나고 없었다. 자로가 돌아가자 공자가 말했다. "벼슬하지 않는 것은 의리가 없는 것이다. 어른과 어린이의 예절을 폐할 수 없는데, 임금과 신하의 의리를 어떻게 폐하겠는가? 자기 몸을 깨끗하게 하고자 하여 큰 인륜을 어지럽히는 것이다. 군자가 벼슬하는 것은 그 의리를 행하는 것이니, 도가 행해지지 아니할 것은 이미 알았다."

-《논어》, 〈미자〉

'사람을 피하는 선비'와 '세상을 피하는 선비'는 어떤 의미일까요? 은둔자들은 세상을 바꿔 보려고 발버둥치는 공자의 모습이 참으로 위선적이고 부질없다고 생각했습니다. 그들은 어지러운 세상을 지푸라기 보듯 하는 비타협주의자이자 무정부주의자였습니다. 조선이 개국했을 때 정몽주와 길재의 제자들은 조선 건국에 참여하지 않고 지방으로 내려가 '사림士林'을 형성했었죠. 은둔자들은 공자가 세속에 미련을 버리지 않고 되지도 않을 짓을 한다고 생각했습니다. 이것이 세상을 피하는 선비입니다. 사람을 피하는 선비는 정도正道를 지키지 않는 사람을 피한다는 뜻입니다. 공자가 만약 자신의 뜻을 조금만 굽힌다면 벼슬을 얻은 다음에 뜻하는 정치를 할 수 있지 않을까 질문할 수 있습니다. 하지만 자신의 뜻을 한 번 굽히기 시작하면 두 번 굽히지 말라는 법은 없죠. 공자는 차라리 실패하더라도 자신의 뜻을 간직하는 방법을 썼습니다. 실패를 알면서도 나아가야 다음을 기약할 수 있기 때문입니다. 정당한 방법으로 하다가 실패하면 후세 사람의 교훈이 되고, 뜻을 굽혀서 목적한 바를 얻으면 역시 후세 사람의 교훈이 됩니다. 공자는 차라리 실패 사례로 남는 걸 선택했습니다.

오래된 미래를 걸어간 사람

"나는 나면서부터 아는 사람이 아니라, 옛것을 좋아하고 부지런히 탐구하는 사람이다." – 《논어》, 〈술이〉

"선인의 말을 전하되 새로 짓지는 않으며, 옛것을 신뢰하고 좋아하니, 남몰래 나를 노팽과 비교해 본다." – 《논어》, 〈술이〉

"옛것을 익히고 새것을 알면 스승 노릇을 할 수 있을 것이다."
– 《논어》, 〈위정〉

공자, 사람답게 사는 인의 세상을 열다

노팽老彭은 《장자》에 언급된 팽조라는 설도 있고, 노자와 팽조 두 사람을 일컫는다는 설도 있습니다. 팽조는 요임금의 신하 '갱鏗'이라는 사람이며 팽성彭城에 봉해져서 팽조라고 불렸습니다. 우나라, 하나라, 은나라 세 왕조를 지나는 동안 700년 또는 800년을 살았다는 전설이 있습니다. 노자 역시 700여 년을 살았다고 합니다.

젊은이들과 대화하기를 좋아하는 공자가 옛것을 좋아한다는 말을 들으면 왠지 헷갈립니다. 하지만 서양의 르네상스(Renaissance)를 떠올려보세요. 르네상스란 재생을 뜻하는 낱말로 옛 그리스와 로마의 인간 중심 정신을 되살려 인류의 부흥을 꾀한다는 근대 서양의 대대적인 운동으로 문학과 예술, 의학과 기술, 법률, 상업 제도, 조형예술 등 모든 영역에서 고대 그리스·로마 문화를 다시 일으켜 새 문화를 창출하였습니다. 이런 일련의 흐름이 근대 정신을 잉태했다는 것을 생각할 때 옛것에 대한 공자의 열정은 '오래된 미래'를 추구했다고 할 수 있습니다.

공자는 복고주의자라고 불리기도 합니다. 복고주의란 "과거의 정치, 사상, 문화, 제도, 풍습 따위로 되돌아가려는 태도"를 말합니다. 그렇다고 마냥 '아, 옛날이여!'를 외치는 사람은 아니었습니다. 공자가 이상으로 삼았던 고대는 주로 태평성대를 이룬 서주西周였으며, 그가 비판했던 시대는 자신이 현재 살고 있는 동주東周 말기였습니다. 그는 몸은 동주에 있었을망정 마음만은 서주에 있었죠.

"너무 늙었나 보다, 내가 너무 늙었나 보다! 오래됐어, 꿈에 다시 주공을 못 뵌 지 오래됐어!" - 《논어》, 〈술이〉

노나라는 주공의 봉국이죠. 공자가 주공을 사랑한 것은 노나라가 보존하고 있던 주례를 사랑한 것입니다. 형인 무왕武王이 요절하는 바람에 주공은 어린 성왕成王을 대신해 섭정을 해야 했죠. 많은 사람들은 주공이 왕위를 찬탈할 것이라고 의심했고, 실제로 큰 반란이 일어나기도 했습니다. 조선의 왕 세조가 조카인 단종端宗을 죽이고 왕위를 차지한 일을 생각하면 충분히 의심받을 만한 상황이죠. 하지만 주공은 자신의 사명을 충실히 완수하고 성왕이 성인이 되자 봉지로 돌아갔습니다. 주공이 천하의 일을 처리하면서도 천자의 이름이 없었듯, 공자 역시 왕위 없이도 천하의 일을 하고자 했으니 공자가 주공을 꿈에서 주공을 만나고 싶어했던 마음을 알 것도 같습니다.

공자는 고전 문화를 보존한 인문학자입니다. 그가 제자들에게 전수한 인문학은 시詩 · 서書 · 예禮 · 악樂 · 역易 · 춘추春秋로 육경六經이라고 합니다. 고전 문헌으로 철학했던 니체를 봐도 알 수 있듯이 '옛 기록'은 고리타분한 게 아닙니다. 인간의 역사는 대부분 반복됩니다. '옛 기록'은 불확실한 미래의 등불이 될 수 있으니 '오래된 미래'라고 불립니다.

자장이 물었다. "열 세대(300년) 이후의 일을 알 수 있을까요?" 스승이 답했다. "은나라는 하나라의 예법을 따랐는데, 그로부터 뺀 것과 더한 것을 알 수 있다. 주나라는 은나라의 예법을 따랐는데, 그로부터 뺀 것과 더한 것을 알 수 있다. 그 나라가 주나라를 계승한다면 비록 백 세대 이후의 일이라 할지라도 알 수 있다."-《논어》, 〈위정〉

어떤 미래도 하늘에서 뚝딱 하고 떨어지지 않습니다. 마치 강물처럼 끊길 수 없는 흐름이 있고, 마치 나무처럼 과거에 뿌리를 두고 있습니다. 변화의 속도가 급한 시대일수록 인문 고전을 통해서 미래를 예측하려는 시도가 절실해지죠. 공자는 과거를 여행했지만 도달한 곳은 결국 미래였습니다. 공자의 복고주의는 어떻게 미래에 강력한 영향을 미치게 되었을까요? 항상 현실에 발을 딛고 주변을 면밀히 관찰했기 때문입니다. 현실의 문제들을 고민하고 주변의 고통에 민감하게 귀를 기울이며 고대의 역사와 문학, 철학을 오랜 시간을 두고 관찰하면 새로운 발견을 할 수 있습니다. 제가 대학교에 다닐 때 역사수업을 가르치던 교수님이 계셨습니다. 그분은 아침 일찍일어나 명상하듯 《삼국사기》를 펼쳐서 읽었습니다. 늘상 보는 책이지만 오랜 시간 살피다 보면 생각지도 못했던 연구 주제가 떠오를 때가 있다고 합니다.

"배우고 생각하지 않으면 속이고, 생각하고 배우지 않으면 미심쩍어 한다."-《논어》, 〈위정〉

옛 책이 오래된 미래로 통하는 문이 되려면 고민을 가지고 읽어야 합니다. 특히 자신의 시대가 안고 있는 고민일수록 더 좋습니다. 필요는 발명의 어머니니까요. 이것을 《논어》를 읽는 방법으로 삼는 것도 참 좋습니다. 《논어》에 나오는 독서 장면, 공부 장면, 강의 장면과 토론 장면은 현실 문제에 대한 고민이 깊이 담겨 있습니다. 그러니까 《논어》를 읽으면서 함께 자신의 고민이나 현실의 문제점을 생각하는 것은 아주 훌륭한 읽기입니다. 세 살배기에서 노인에 이르기까지 고민 없는 사람은 없습니다. 물론 별 고민 없이 책을 읽은 사람이 없지는 않았습니다. 이런 사람을 '백면서생白面書生'이라고 부릅니다. 세상일에 전혀 경험도 없이 이론만 넘치는 사람을 뜻하는 말이죠. 공자는 백면서생이 아닙니다. 하지만 우리가 《논어》를 소비하는 방식을 보면 공자는 백면서생이거나 한가한 도덕 선생입니다. '공자님 말씀' 같은 한가한 읽기를 넘어서려면 자신의 고민을 가지고 《논어》를 읽어야 합니다. 이런 읽기를 실천할 수 있다면 《논어》는 미래로 통하는 고속도로도 될 수 있습니다.

공자, 사람답게 사는 인의 세상을 열다

2
혹시 주나라를 계승하는 자가 있다면
300년 뒤에도 알 수 있다

공자가 죽고 나서 중국은 더 살벌하고 처절한 전쟁의 나날이 이어집니다. 이 시기를 전국시대(기원전 403~기원전 211)라고 부릅니다. 통일 전쟁이 치열해지면서 피난민은 눈덩이처럼 불어났습니다. 한국 전쟁 당시에도 피난민이 많았지만 전국시대의 피난민 수는 어마어마했고 전쟁 기간도 매우 길었습니다. 하지만 치열한 전쟁 속에서 문명이 발달했고 학문이 오히려 번성하는 제자백가의 전성기이기도 하죠. 중국인들은 높은 문화와 기술을 주변 민족들에게 널리 퍼뜨렸고, 제후국들 역시 새로운 동맹국을 구하려는 노력을 계속해 중국 문명은 지도를 뚫고 뻗어 갔습니다.

전국시대에는 유학이 별로 인기가 없었습니다. 역사적으로 유학은 평화 시에는 효과가 크지만 치열한 전쟁 상황에서는 경쟁 학문에 밀려나기 일쑤였습니다. 공자를 계승한 철학자는 맹자孟子와 순자荀子입니다. 맹자는 성선설로 순자는 성악설로 유명하죠. 유학자들은 맹자가 공자의 대를 이은 학자라는 의미로 '아성亞聖'이라는 칭호를 부여했죠. 공자에 버금 가는 성인이라는 뜻입니다. 하지만 순자는 제대로 인정해 주지 않았죠. 이단이라고 비난하는 사람도 적지 않았죠. 하지만 순자 역시 공자의 유학을 시대에 맞게 재창조했다는 점에서 공자 철학의 당당한 계승자로 보아야 할 것입니다.

공자를 배우고 계승하는 게 평생 소원이었던 맹자

"사람의 본성은 서로 비슷하지만, 습성은 서로 차이가 크다."

– 《논어》, 〈양화〉

자공이 말했다. "선생님의 문장은 들어볼 수 있지만, 선생님께서 성性과 천도天道에 대해 말씀하시는 것은 들어볼 수 없다."

– 《논어》, 〈공야장〉

자공의 말대로 공자는 '본성'에 대한 말을 매우 아꼈습니다. 마음이나 본성보다는 삶의 문제에 집중했기 때문입니다. 맹자는 감정의 철학자입니다. 실오라기처럼 얇은 착한 마음을 잘 키워야 한다고 주장했습니다.

공자, 사람답게 사는 인의 세상을 열다

《논어》를 읽다가《맹자》를 읽으면 주장이 매우 강하다는 느낌이 듭니다. 그만큼 시대의 흐름이 급박해진 것입니다. 그럼에도 불구하고 맹자의 철학은 현실과 동떨어졌다는 비판을 받으며 어디에서도 채택되지 못합니다. 맹자 역시 공자처럼 제자를 키우는 데 집중합니다. 공자와 다른 점은《맹자》라는 책을 집필하는 데 직접 관여했다는 점입니다.

맹자는 정치 경험이 짧았기 때문에 추상적인 인상을 줍니다. 순자는 가장 정치 경험이 풍부했죠. 당시 진秦나라는 상앙의 개혁을 강력하게 추진해 부국강병을 이뤘고, 초나라와 위나라는 오기를 등용해 체질 개선에 성공했습니다. 제나라 역시 손자와 전기를 등용해 강대국 반열에 올라 있었습니다. 순자는 한비자라는 제자를 교육시켜 법가 철학이 학문 전쟁에서 승리를 거두는 데 공을 세웠습니다.

맹자는 공자와 같이 주周나라의 예법과 경제 제도를 도입해야 한다고 주장했습니다. 주나라는 정전제井田制를 시행했습니다. 밭을 '우물 정井' 모양으로 9등분한 후에 8가구가 가운데 부분을 제외한 수확을 각각 나눠 갖습니다. 이를 사전私田이라고 합니다. 가운데 남은 한 개의 밭은 8가구가 함께 수확하고 나라에 세금으로 냅니다. 이를 공전公田이라고 합니다. 이처럼 맹자는 토지의 경계와 농사 수입의 분배를 공정하게 하는 것에서부터 바른 정치[인정(仁政)]가 시작된다고 말했습니다. 특히 백성의 생활을 넉넉하게 해

준 다음에 교육을 시켜야 한다는 공자의 생각은 맹자에 이르러 일정한 벌이를 뜻하는 항산恒産이 있어야 올바른 마음인 항심恒心이 생긴다는 사상으로 발전합니다.

염구가 모는 말을 타고 위나라에 도착한 공자가 감탄했다. "사람이 참 많구나." 염구가 물었다. "인구는 이미 많아졌는데, 무엇을 더해야 할까요?" "부유하게 해 줘야지." "부유해진 다음에는 무엇을 더해야 할까요?" "가르쳐야지." - 《논어》, 〈자로〉

"일정한 벌이가 없어도 올바른 마음을 가질 수 있는 사람은 오직 선비밖에 없을 것입니다. 일반 백성들은 일정한 벌이가 없으면 올바른 마음을 가질 수가 없을 것입니다. 방종하거나 사치하고 무절제한 생활을 한다고 벌을 주면 이는 백성을 그물질하는 것이나 다름없습니다. 어찌 어진 사람이 왕위에 있으면서 백성을 그물질하는 짓을 할 수 있겠습니까." - 《맹자》, 〈양혜왕 상〉

"사람의 본성은 비슷하다"는 공자의 생각은 맹자에 의해서 구체화됩니다. 사람이 사람이 될 수 있는 까닭은 누구나 네 가지 착한 마음의 조각을 가지고 있기 때문입니다. 불쌍히 여길 줄 아는 측은지심惻隱之心과 부끄러움을 아는 마음인 수오지심羞惡之心, 양보할 줄 아는 마음인 사양지심辭讓之心, 옳고 그름을 분별할 수 있는 시비지

공자, 사람답게 사는 인의 세상을 열다

심是非之心 네 가지는 각각 인의예지仁義禮智를 상징합니다. 그중에서 측은지심을 상징하는 인이 가장 중요합니다. 당시 제선왕은 도축장에 끌려가는 소를 보면서 불쌍한 생각이 들어 소를 살려 줄 것을 명령한 적이 있습니다. 하지만 예법을 폐지할 수는 없기 때문에 양으로 교체하라고 하죠. 맹자는 이것을 '차마 어쩌지 못하는 마음'을 뜻하는 '불인인지심不忍人之心'이라고 말하며, 이 마음을 잘 키워서 정치에 적용하면 백성을 차마 함부로 하지 못하는 마음인 '불인인지정不忍人之政'을 할 수 있다고 말했습니다.

그러면 왜 전국의 왕들이 이 마음을 정치에 쓰지 못하는 것일까요? 맹자는 사람은 누구나 선한 양심良心을 가지고 있고, 밤에는 야기夜氣가 작동해 키워 주지만 한낮의 분주함이 좋은 기운을 다 없애버린다고 주장했죠. 착한 마음은 너무 약하고, 나쁜 환경은 너무 많은데 사람이 착해질 수 있을까요? 임금 주변에 착한 사람은 천연기념물보다 적은데 나쁜 사람은 공기처럼 많다면 정치가 바로잡힐 수 있을까요?

정치에서 가장 중요한 게 민심民心이라는 사실은 공자도 여러 차례 강조했지만 맹자는 이를 더 발전시킵니다.

유약이 애공에게 답했다. "백성이 쓸 것이 충분하다면 임금께서 어떻게 충분하지 않겠습니까? 백성이 쓸 것이 충분하지 못하다면 임금님께서 어떻게 충분하시겠습니까?" - 《논어》, 〈안연〉

맹자가 말했다. "백성이 가장 귀중하고 사직이 그 다음이고 군주는 가벼운 것이다. 때문에 민심을 얻은 이는 천자가 되고, 천자의 신임을 얻은 이는 제후가 되고, 제후의 신임을 얻은 이는 대부가 된다. 제후가 사직을 위태롭게 하면 바꿀 수 있다." -《맹자》, 〈진심 하〉

공자는 백성을 중심에 둔 정치를 하라는 주문에 그쳤지만, 맹자는 백성이 가장 중요하고 사직은 그 다음이고 임금이 가장 가볍다는 데까지 나아갑니다. 임금이 만약 백성을 생각하지 않고 제멋대로 한다면 교체할 수도 있다는 정치사상은 정도전에게 영향을 미쳐 고려를 무너뜨리는 이론적 바탕이 되었죠. 민주주의 사회에서 맹자의 생각은 당연한 것으로 보이지만, 절대 왕권 국가였던 당시 분위기에서는 혁명적인 발언입니다. 나중에 한무제漢武帝는 맹자의 발언 때문에 《맹자》를 금서로 지정하기도 하고, 방에 맹자 초상화를 걸어 놓고 활로 쏘기도 했다고 합니다. 권력자에게는 매우 불편한 주장이니까요.

맹자가 공자와 다른 점이 있다면 임금의 스승을 도입했다는 점입니다. 임금도 감히 부르지 못하는 스승이 있다는 말은 절대 권력자인 임금을 견제했다는 점에서 의미가 있는 주장입니다. 이후로는 왕과 태자의 스승을 제도화했고, 그들의 권위를 매우 높이면서 유학의 영향력을 키울 수 있었습니다.

유물론으로 공자의 철학을 재해석한 순자

"인간의 본성은 서로 비슷하지만, 습관에 의해서 완전히 달라진다."-《논어》,〈양화〉

"사람은 김매고 밭가는 일을 쌓아서 농부가 되고 나무 베고 깎는 일을 쌓아서 공인工人이 되며, 예의를 지키는 일을 쌓아서 군자가 된다."-《순자》,〈유효(儒效)〉

프랑스 철학자 파스칼도 "습관은 제2의 본성이며, 제1의 본성을 파괴한다."《팡세》라고 말했듯이 본성과 습관의 관계는 오랫동안 인류의 고민이었습니다. 공자가 담담하게 표현한 생각을 맹자와 순자는 서로 나눠 가졌습니다. 맹자는 '본성'에 집중한 반면, 순자는 '습관'에 집중했습니다. 우리는 전통적으로 '공맹 철학'이라고 불렀지만, 오히려 '순맹 철학'이라고 부르는 게 인간을 이해하는 데 유리할지도 모릅니다.《중국철학사》를 쓴 풍우란 교수도 순자의 주장은 "성선설과 서로 모순되지 않을뿐더러 상보적인 기능을 할 수 있다"《중국철학사》, 12장라고 말했습니다.

인간은 착한가요? 아니면 악한가요? 여러분은 착한 존재인가요, 악한 존재인가요? 착한 마음과 악한 마음 사이에서 비틀대는 존재라는 게 더 적절한 설명일 것입니다. 맹자와 순자의 사상을 결합해야 하는 까닭입니다.

맹자는 본성이 선하기 때문에 이를 방해하는 불순물을 제거하고 본성의 실마리를 잘 키워야 한다고 주장하지만, 순자는 인간의 본성이 늑대나 다름없기 때문에 인위적으로 가다듬어야 '사람'을 만들 수 있다고 주장했습니다. 그것이 바로 '예'의 기원입니다.

"예는 어디에 기원하는가. 말하기를 사람은 나면서 욕망을 갖는다. 욕망을 가지고 얻지 못하면 구하지 않을 수 없다. 구하면서 기준과 한계가 없으면 다투지 않을 수 없다. 다투면 어지러워지고 어지러우면 궁해진다. 선왕은 그 어지러움을 싫어한다. 그래서 예의를 제정하여 구분을 짓고 그렇게 함으로써 사람의 욕망을 기르고 사람의 욕구를 채우며 욕망으로 반드시 사물에 굴하지 않고 사물의 욕망에 굴하지 않게 하여 양자가 서로 버티며 자라게 하려는 것이다." -《순자》, 〈예론〉

유물론이라는 것은 일체의 감정적인 개입을 담지 않고 물질이나 자연의 질서만으로 세계를 설명하는 접근 방법을 말합니다. 순자의 눈으로 볼 때 "본성을 다하면 하늘을 알게 된다", "만물이 다 내게 갖춰져 있다"라는 맹자의 주장은 이상하게 들릴 수밖에 없습니다. 맹자의 '천天'은 운명을 뜻하기도 하고, 의리를 뜻하기도 하고, 만물의 주재자를 뜻하기도 하지만 순자에게 '천'은 자연일 뿐이기 때문

공자, 사람답게 사는 인의 세상을 열다

입니다. 근대 학문의 기틀을 마련한 영국 철학자 프랜시스 베이컨 (Francis Bacon, 1561~1626)은 "자연을 고문대에 올려 놓고 자백을 받아 내야 한다"고 주장했죠. 순자 역시 자연에 근거 없는 관념을 부여하 기보다는 연구하고 이용해야 한다는 유물론적이고 실용적인 태도 로 접근했습니다.

"하늘을 추종하여 칭송하는 것과 천명을 손질하여 이를 활용하는 일과 어느 편이 더 나을 것인가. 시절을 바라보고 풍작을 기다리는 것 과 사시 변화에 맞추어 이를 이용하는 일과 어느 편이 더 나을 것인 가." -《순자》, 〈천론〉

공자는 제자 번지가 지혜에 대해서 질문했을 때 "귀신을 공경하 되 멀리한다면 지혜롭다고 할 수 있을 것"〈옹야〉이라고 말하며 신중 하게 접근할 것을 주문했고, 자로에게는 "사람을 섬기기도 어려운 데 어찌 귀신을 섬길 수 있겠는가?"라며 선을 그었습니다. 순자는 멀리하는 정도가 아니라 미신적인 부분을 부정했습니다. 철저히 자 연주의 철학에 입각해 상례와 제례에 새로운 의미를 부여했죠. 현재 통용되는 경전인《예기》의 여러 편은《순자》와 같은 부분이 매우 많 습니다. 풍우란 교수는《순자》에서 초록했거나《예기》자체가 순자 학파 후학들의 저작일 것이라고 주장했죠.

순자는 중국 고대 철학자 중에서도 '철학 비평'에 매우 뛰어났습니다. 순자는 중국 철학자들을 날카롭게 비판했습니다. 맹자에 대해서도 가혹하게 비판했죠. 불합리하고 근거를 댈 수 없는 주장들이 매우 많았기 때문입니다. 순자는 공직 기간이 꽤 길었고 정치 감각이 공자와 맹자에 비해서 더 깊었습니다. 순자가 청와대에서 일했다면 공자와 맹자는 시민 단체 활동가 생활을 오래 했다고 볼 수 있습니다. 어떤 사상이 실제 나라와 백성에게 도움이 되는지 이성적으로 날카롭게 검증했고 좀처럼 감정 이입을 하지 않았습니다. 순자는 왕의 권위를 절대적으로 인정하고 백성에 대해서 우민 정책을 노골적으로 펼치는 법가法家의 사상에는 반대했지만 정치인의 권위주의를 옹호했습니다. 백성의 입장에 선 공자 · 맹자와 왕의 입장에 선 한비자 등 법가를 이어주는 사람이 바로 순자입니다.

순자가 서양 철학의 합리성과 현대인의 시각을 닮은 것은 순자의 선배 철학자들이 펼친 사상에서 낭만적이고 감정적이고 미신적인 특징들이 도움이 되지 않는다고 생각했기 때문입니다. 순자라는 걸출한 철학자는 유학자들에게 인정받지 못했지만, 순자야말로 공자의 유학을 현대적으로 살찌운 철학의 거인이었습니다.

공자, 사람답게 사는 인의 세상을 열다

3

내게 잘못이 있으면
남들이 반드시 알아보는구나

철학이든 과학이든 인간의 정신과 학문은 다양한 의견과 비판과 토론을 통해서 발전합니다. 배우기를 좋아하고, 배운 것을 생활에 실천하고, 세상을 변화시키는 데 적극 활용했던 공자의 가르침은 중국 전체의 지식인을 자극시켰고 백가쟁명百家爭鳴이라는 학문과 토론의 꽃밭을 만들었습니다. 그중에는 물론 공자의 날카로운 비판자도 있었죠.

"나는 플라톤을 사랑한다. 그러나 진리를 더 사랑한다"라고 말했던 아리스토텔레스의 말처럼 서양 철학은 비판에 익숙합니다. 하지만 동양 철학은 비판에 인색했죠. 그것이 공자의 영향은 아닙니다.《논어》에서 본 것처럼 공자의 비판자는 제자나 관리, 은둔자 등 무척 다

양했습니다. 공자는 비판에 대해서 유연한 모습을 보였죠. 불행하게
도 공자의 후손들은 비판을 받아들이는 공자의 태도를 제대로 배우
지 못했습니다. 우리는 공자의 비판자들을 통해서 공자의 사상을 더
분명히 이해할 수 있습니다. 소크라테스 이전 철학자들의 단편이 우
리에게 전해지는 까닭도 아리스토텔레스가 그들을 비판했던 문헌이
남아 있었기 때문이죠. 공자와 거의 동시대 인물인 안영도 공자의 비
판자였고, 노자와 장자, 묵자는 공자를 비판함으로써 일가를 세운 사
상의 거인입니다. 공자의 철학을 분명하게 드러내 주는 비판자 중에
서 묵자와 노자, 장자, 한비자를 중심으로 살펴보겠습니다.

인류 전체를 이롭게 하려고 했던 지구인 묵자

묵자(墨子, 기원전 475?~기원전 396?)는 말 그대로 '전국시대의 대세'였
습니다. 전국시대부터 한漢 제국 초반에 이르기까지 사람들은 흔히
공묵孔墨이라고 칭했습니다. 공자와 묵자를 오랫동안 나란히 놓았
다는 것 자체만으로 묵자의 영향력을 잘 알 수 있죠. 《맹자》에는 묵
자의 영향력이 어느 정도였는지 기록돼 있습니다.

> "성인 왕이 등극하지 않자 제후들은 오만방자해지고 선비들은 자신
> 들의 주장을 어지럽게 폈다. 그리하여 양주와 묵적(묵자)의 사상이 천
> 하를 가득 메웠다. 천하의 말은 양주 아니면 묵적으로 향했다."
> ─《맹자》, 〈등문공 하〉

어찌 하여 묵자의 철학이 철학 세계를 양분할 정도로 컸고, 또 무슨 이유로 그렇게 대단했던 묵자 철학이 우리에게 알려지지 않고 묻혀버렸는지 살펴보는 것은 공자 이후의 지식 세계를 이해하는 데 중요한 열쇠입니다. 묵자는 사마천《사기》의 〈열전〉에조차 들지 못했습니다. 사마천 시대에는 이미 유가儒家의 독재 시대가 되었으니까요. 묵자는 공자의 예법이 쓸데없이 복잡하다며 비판했습니다.

"군주가 죽으면 삼년상을 치르고 부모가 죽으면 삼년상을 치르고 아내와 맏이가 죽으면 삼년상을 치를 것이다. 이 다섯 경우만 최고의 상례인 삼년상을 치른다. 그리고 백부, 숙부, 형제, 서자는 2년, 종조조부모, 종조부모, 종조곤제 등 친족은 5개월, 고모, 누이, 조카, 외삼촌 등은 3개월 복상한다. 그런즉 몸을 상하고 야위게 하는 것이 법도다. 얼굴은 야위고 눈은 움푹 들어가고 안색은 검게 뜨고 눈과 귀는 가물거리고 손발은 힘이 빠져 움직일 수조차 없게 된다."-《묵자》, 〈절장 하〉

묵자의 묵墨이라는 글자는 '검다'는 뜻과 동시에 죄수의 얼굴에 낙인을 찍는다는 뜻도 담겨 있습니다. 묵형墨刑이란 중국에서 행하던 다섯 가지 형벌 중의 하나로 죄인의 이마나 팔뚝 위에 먹줄로 죄명을 써 넣던 형벌이었습니다. 묵자가 중시한 것은 첫째도 인민人民의 이익, 둘째도 인민의 이익이었습니다. 예법과 재화를 간소화해야 하는 까닭은 인민의 이익에 보탬이 안 되기 때문입니다. 묵자는

'묵'이라는 별명을 흡족해했습니다. 자신의 철학을 잘 대변해 주고 있다고 생각했기 때문입니다. 흔히 묵자를 '백성과 노동자의 철학자'라고 부르죠. 노동자를 위한 철학이기 때문에 노동조합이나 시민 단체, 그리고 노동으로 먹고사는 모든 사람들을 응원하는 책이 바로 《묵자》입니다. 공자의 철학은 귀족의 철학인 반면, 묵자의 철학은 노동자의 철학이기 때문에 추구하는 가치가 다릅니다.

묵자는 춘추전국시대의 대표적인 반전주의자反戰主義者입니다. 묵자가 전쟁을 반대한 까닭은 인민에게 도움이 되지 않기 때문입니다.

> 겨울에는 추위가 무섭고 여름에는 더위가 두려워서 겨울과 여름에는 군사를 일으키지 않는다. 그렇다고 봄에 군사를 동원하면 백성들이 밭 갈고 씨 뿌리는 농사를 망치고 가을에 동원하자니 백성들의 추수를 망친다. 그래서 봄과 가을에는 군사를 일으키지 않는다. 만약 백성들이 한 철을 망치면 굶주리고 헐벗어 얼어 죽고 굶어 죽는 자가 얼마나 많을지 헤아릴 수 없을 것이다. -《묵자》, 〈비공 중〉

전쟁을 하면 농사철만 놓치는 게 아니라 군사를 동원하고 무기를 만드는 과정에서 엄청난 비용이 듭니다. 전쟁을 일으키는 임금은 이웃나라를 쳐서 전리품을 얻고 영토를 넓히려 하지만 전쟁에 승리했다고 하더라도 전쟁에 들인 비용을 벌충하기 어려울뿐더러 상대 국가의 피폐함까지 계산한다면 전쟁은 수익을 내지 못하는 상품과 같습니다. 미국이 오랫동안 중동 전쟁을 일으키고 군사력에 많은 비용을 지출하면서 경제가 휘청거렸지만 이익을 본 사람들은 무기를 만들어 파는 군수업체밖에 없죠. 전쟁 비용에 대한 비판은 전쟁에 대한 결과론이지만 묵자는 전쟁이 일어나는 원인까지 고찰합니다. 전쟁이 일어나는 까닭은 '사랑' 때문입니다. '사랑'이야말로 공자와 묵자가 가장 크게 충돌하는 주제죠. 공자는 사랑에 차별이 있다고 주장했고, 묵자는 사랑은 구분이 없이 두루 두루 통한다고 주장했죠.

묵가의 사랑은 차별이 없기 때문에 '박애'(또는 겸애)라고 부르고, 유가의 사랑은 멀고 가까움의 차이가 있기 때문에 '차등애'라고 부릅니다. 맹자는 묵자의 사랑을 "아버지도 없고 임금도 없는 생각이라고 폄하하고 자기 아버지와 임금의 존재를 부정하는 것은 짐승과 다르지 않다"《맹자》〈등문공하〉라고 맹비난했습니다. 유가와 묵가는 서로에게 철천지원수였습니다.

섭공이 공자에게 말했다. "우리 고장에 행실이 곧은 사람이 있는데, 그 아버지가 양을 훔치자 아들이 그것을 고발했습니다." 공자가 말했다. "우리 고장의 곧은 사람은 그와는 다릅니다. 아버지는 아들을 위해 숨기고, 아들은 아버지를 위해 숨깁니다. 곧음은 그 속에 있습니다."
-《논어》, 〈자로〉.

지금 그대가 평원과 광야에서 갑옷을 입고 투구를 쓰고 전장에 나가 있어 죽고 사는 것을 알 수 없는 처지나, 또는 임금의 대부가 되어 멀리 파촉과 월나라 혹은 제나라, 형나라에 사신으로 가서 돌아오지 못할지도 모르는 처지라고 해도 좋다. 그럼 그대에게 물어 보자. 장차 어느 친구를 따를 것인지 궁금하다. 제 집안의 부모와 친척을 모시고 처자식을 이끌고 그들을 부탁하려 할 때 평등주의 친구에게 맡기는 것이 옳을 것인가? 아니면 차별주의 친구에게 맡기는 것이 옳을 것인가? 내 생각으로는 평등주의자에게 맡길 것이다. - 《묵자》, 〈겸애 하〉

《맹자》에서는 묵가와 유가의 '사랑' 논쟁이 더 격하게 불붙습니다. 맹자는 "묵자는 겸애兼愛를 주장하니 이는 부모도 없는 후레자식의 철학"《맹자》, 〈등문공 하〉이라고 맹비난했습니다. 묵학도의 최고 지도자인 거자鉅子 중에서 '복돈'이라는 인물이 있습니다. 복돈은 진秦나라의 혜왕惠王과 친분이 있었기에 그의 아들이 살인을 했을 때 왕의 직권으로 사면을 받았습니다. 하지만 복돈은 살인자를 죽이는 것은 묵학도의 법이며 대의라고 항변하며 아들을 죽였습니다. 《맹자》에서도 역시 순임금의 아버지가 살인을 했다면 순임금이 어떤 선택을 할 것인지 제자가 질문했습니다. 맹자는 순임금이 법을 폐지할 수 없기 때문에 당장 임금의 옷을 벗어던지고 아버지와 함께 산속 깊은 곳에 숨어 평생 행복하게 살 것이라고 말했습니다.《맹자》, 〈진심 상〉 묵자가 겸애를 주장한 것 역시 전체 인민이 이롭기 때문입니다. "최대 다수의 최대 행복"을 주장한 제레미 벤담처럼 묵자 역시 공리주의자였고, "만인에 대한 만인의 투쟁"을 막기 위해서 강력한 정부가 평화를 강제해야 한다는 토마스 홉스의 주장과도 비슷합니다. '이웃을 제 몸과 같이 사랑하라'는 예수님의 말씀과도 같은 이치죠. 백성 편에 섰으면서도 백성과 거리를 두었던 공자의 부족한 부분을 묵자는 충실히 채웠습니다.

인간의 도와 천(天)을 자연의 도와 천으로 바꾼 노자

자로가 '강함'에 대해 물었다. 공자가 답했다. "남쪽 지방의 강함을 묻는 것이냐, 북쪽 지방의 강함을 묻는 것이냐, 아니면 너의 강함을 묻는 것이냐? 너그럽고 조곤조곤 알려주고 무도한 자에게 보복하지 않는 것은 남쪽의 강함이니 군자다운 기상이 깃들어 있다. 무기와 갑옷을 깔고 자며 죽더라도 유감이 없는 것은 북쪽의 강함이니 용맹한 자의 기상이 깃들어 있다." - 《중용》, 10장

"강수와 회수 남쪽으로는 굶주리는 사람들도 없지만 천금을 가진 부잣집도 없다." - 사마천, 《사기열전》, 〈화식열전〉

"남쪽 사람이 하는 말 중에 '사람으로서 한결같은 마음이 없다면 복서卜筮로도 점을 칠 수 없다'라는 것이 있다. 좋은 말이다. 덕을 한결같이 유지하지 않으면 치욕을 당할 수도 있다. 그건 점을 치지 않아도 뻔한 일이다." - 《논어》, 〈자로〉

공자의 조상은 노나라의 서남쪽인 송나라에서 살았습니다. 그보다 남쪽에는 초楚나라가 있었습니다. 공자가 하늘[천天]을 말할 때 가끔 운명을 주재하는 신神의 느낌이 살아 있고, 점치기를 좋아하는 특성은 남쪽 지방의 문화에서 비롯되었습니다. 역사가 사마천에 따르면《논어》에 등장하는 장저와 걸익 등 대부분의 은둔자들을 초나라에서 만났다고 합니다.《맹자》에도 진량陳良이라는 명망 있는 선비의 문하였다가 묵자의 학문으로 전향한 진상陳相이라는 자를 꾸짖는 장면에서 남쪽의 학문과 북쪽의 학문이 다르다는 것을 알 수 있습니다. 맹자는 "진량은 초나라 태생으로 주공과 공자의 학문을 좋아해 북쪽으로 유학하여 공부했으니 북쪽의 학자들도 학문으로 그를 당해 낼 수가 없었다"《맹자》, 〈등문공 상〉라고 했죠. 당시 북쪽의 학문은 유학儒學을 뜻했습니다.

남쪽 지역 사람들의 성격과 문화는 어떠했을까요? 우리나라 역시 따뜻한 남쪽 지방을 보면 알 수 있습니다. 날씨가 따뜻하고 산림의 풍부한 혜택에 힘입어 음식을 서로 나누어 먹었고 추위나 굶주림 걱정도 별로 없었습니다. 하지만 큰 부자도 없었죠. 무속과 귀신을 신봉하는 경향이 있습니다. 제주도 역시 샤머니즘(shamanism)의 고향이라고 할 정도로 무속 신앙이 발달해 있습니다. 남쪽의 철학은 비주류입니다. 북쪽의 유학과 반대되는 입장을 갖습니다.

공자, 사람답게 사는 인의 세상을 열다

공자가 노자에게 예를 물었다는 전설 때문에 공자와 노자의 선후가 뒤바뀌었지만 노자는 공자 이후의 인물이며, 《도덕경》 또한 《논어》보다 훨씬 뒤에 집필되었습니다. 사적으로 책을 집필한 문화는 공자의 제자들로부터 비롯되었기 때문입니다. 노자에 대한 신비주의는 '중언重言'이라는 중국의 독특한 문화를 이해해야 합니다. 이이=노담=노자. 공자가 여러 책을 다 썼다는 신화가 지속되는 까닭 역시 공자의 권위를 빌리려고 하는 학자들의 심리 때문입니다.

도가는 당시의 정치뿐 아니라 전통적인 정치·사회 제도도 반대했습니다. 《도덕경》에서 말하는 도와 덕은 공자가 말한 인간의 도리와 다릅니다. 우주 만물이 생겨나는 원리가 바로 도이며, 덕은 도가 사물에 깃든 것입니다. "말할 수 있는 도는 영원한 도[상도(常道)]가 아니다"《도덕경》, 1장라는 유명한 선언은 사람의 도를 자연의 도로 보겠다는 의지를 나타낸 것입니다. '도'뿐 아니라 '천' 역시 공자의 유가와 전혀 다르게 사용합니다. 유가의 '천'은 도덕적이고 심리적인 것이었지만 노자는 "천지天地는 어질지 않다"《도덕경》, 5장는 말로 이를 제거해 버렸죠. "자연의 영구불변한 원리를 알지 못하고 인위적으로 행동하면 화를 초래"《도덕경》, 16장할 뿐입니다. 공자가 강조한 인과 예는 인위적인 행동의 극치입니다.

사람들은 도를 잃은 뒤에 덕을 말하고, 덕을 잃은 뒤에 인을 말하며, 인을 잃은 뒤에 의를 말하고, 의를 잃은 뒤에 예를 말한다. 무릇 예라는 것은 신실한 마음이 얕아진 결과이며 혼란의 원인이다.

- 《도덕경》, 38장

아버지, 임금, 산꼭대기보다는 아이, 백성, 골짜기 등 낮은 곳을 강조하는 것도 노자 철학의 특징이자 유학과 정반대의 특징입니다. 노자의 학설은 전국시대부터 한 제국 초반에 이르기까지 번성했습니다. "성인은 어질지 않기에 백성을 모두 풀강아지로 여긴다."《도덕경》, 5장는 말처럼 인간의 감정을 배제한 철학은 《손자병법》에도 담겨 있습니다. 각국이 생존 경쟁에 매달렸던 전국시대는 그야말로 인정사정 볼 것 없는 노자의 학설이 효율적이었습니다. 전국을 통일한 진秦나라의 정책에 이론을 제공한 《한비자》역시 노자의 학문과 성격이 닮았습니다. 한 제국 초기의 황제인 문제와 경제는 '도교'를 정책의 기반으로 삼아 효과를 보았습니다. 이후 무제가 유교를 국교로 선포하였지만, 한 제국 이후 중국 여러 나라의 정권은 유가와 도가를 적절히 섞어서 채택했습니다.

지금 그대로의 완전한 자유를 주장한 장자

장자는 송나라의 몽蒙 땅 칠원漆園이라는 고을에서 벼슬을 했습니다. 양혜왕과 제선왕 시대에 활약했기 때문에 맹자와 동시대 사람입니다. 하지만 《맹자》에는 장자에 관한 언급이 없고, 《장자》에는 맹자에 대한 언급이 없습니다. 왜냐하면 맹자는 장자를 양주楊朱의 추종자로 보았고, 장자 역시 맹자를 공자의 추종자로 보았기 때문입니다. 송나라 역시 남쪽 초나라에 가까웠기 때문에 남방의 문화적 영향을 많이 받았습니다.

노장老莊이라는 명칭은 한나라 말기에 쓰였다고 합니다. 두 책을 읽어 보면 전체적인 분위기는 비슷하지만 추구하는 내용은 다릅니다. 다만 도와 덕에 대한 근본 개념은 같았기 때문에 두 사상가를 도가道家로 부르죠.

장자의 도는 공자의 유가처럼 '절대적인' 개념이 아닙니다. 도를 절대화하는 것을 막기 위해서 장자는 땅강아지나 개미에게도 있고, 피나 쭉정이에도 있고, 기왓장이나 벽돌에도 있고, 심지어 똥이나 오줌에도 있다고 했습니다. 만물에 도가 깃들어 있기에 우리는 도를 새삼 구할 필요가 없는 것이죠.

"그대는 도를 절대화하지 마십시오. 사실상 도는 각 사물을 떠나 있지 않습니다 지극한 도란 그런 것이고 위대한 말씀 역시 그렇습니다. 포괄성[주(周)], 편재성[편(遍)], 총체성[함(咸)] 이 세 가지는 이름은 다르나 실상은 동일한, 즉 그 함의는 똑같습니다."-《장자》, 〈지북유〉

《장자》라는 책에서 가장 유명한 대목은 대붕大鵬이라는 새가 등장하는 〈소요유逍遙遊〉 편일 것입니다. 몇 천 리 크기의 물고기 곤鯤이 변한 커다란 새 붕은 날갯짓만 해도 3천 리의 물결이 일고 9만 리 상공까지 날아가는 거대한 동물입니다. 하지만 매미와 뱁새는 이 나무에서 저 나무로 옮길 뿐이며 그나마 땅에 떨어지는 일도 빈번하지만 붕새가 전혀 부럽지 않습니다. 얼핏 보면 붕새와 뱁새가 하늘과 땅 차이처럼 느껴지지만 각자 저마다의 자리에서 자연스러운 삶을 살아가는 모습입니다. 소요逍遙란 '완전한 행복'을 뜻합니다. 붕새가 되어야만 완전한 행복을 얻는 것이 아니라 매미나 뱁새도 충분히 행복하고 완전한 삶을 사는 것이죠. "예를 배우지 않으면 입신立身할 수 없다"《논어》, 〈계씨〉라는 공자의 말은 장자에게는 무의미한 것입니다. 생명이 있는 존재란 어딘가로 가야 하는 게 아니라 각자의 취향에 맞게 살아가고 있기 때문입니다. 누군가 벼슬을 권했을 때 장자는 하늘에게 희생물로 바치는 소를 예로 들며 잘 길러지다가 결국 이용만 당할 뿐이라며 사양했습니다.《사기열전》, 〈노장신한열전〉 조정의 벼슬은 지금으로 따지면 고위 공무원입니다. 누구나 하고 싶어 하는 선망의 직업이죠. 장자는 그것이 과연 누구의 욕망인지 묻습니다. 자신의 욕망인지 만들어진 욕망인지 구분하라는 뜻이죠. 청소년들이 직업 선택과 진로 고민을 하면서 빠지기 쉬운 함정은 남의 욕망, 만들어진 욕망을 쉽게 선택한다는 것입니다. 공자의 유학에서는 입신양명을 통해 정부 관료가 되고 나라를 바른 방향으로 이끌어 가는 것을 추구하지만, 장자 사상은 입신양명 사상을 공장에서 생산된 물건처럼 바라보죠. 그것은 불행을 자초하는 인위적이고 억지스러운 행동입니다. 공자가 "군자는 기계 부품이 아니다."

공자, 사람답게 사는 인의 세상을 열다

라고 했지만, 장자는 한 걸음 더 나아가 "사람은 기계 부품이 아니다"라고 할 수 있을 것입니다.

　장자는 천하의 온갖 사물 중에서 좋지 않은 것은 없고, 천하의 온갖 의견 중에서 옳지 않은 것은 없다고 생각합니다. 장자의 정치학은 무정부주의입니다.

　장자는 절대적 자유를 주장하는 철학자입니다. 인간 모두에게 절대적 자유가 있는 것은 자연의 본성입니다. 따라서 계급에 따라 차별을 주장하는 공자와 달리 절대적 평등을 주장합니다. 사회에서는 상하 계급이 있지만 자연이라는 넓은 시각에서 보면 별반 차이가 없습니다.

　자연의 도를 주장하는 장자의 생각은 삶과 죽음 역시 자연적 결과로 봅니다. 특히 죽음에 대한 예를 매우 특별하게 생각하는 공자의 주장과 충돌하죠.

　　"상례喪禮를 치를 때는 능숙하게 처리하는 것보다는 차라리 슬퍼하는 것이 더 낫다." ‐《논어》,〈팔일〉

　　"아내가 죽었을 때 나라고 어찌 슬퍼하지 않을 수 있었겠는가. 그러나 문제의 근원을 고찰했는데, 태초에 아내는 생生이 없었고, 생이 없었을 뿐더러 형체도 없었고, 형체가 없었을 뿐더러 기氣도 없었네. 그러다가 혼돈 가운데 섞여 있다가 변하여 기가 생기고, 기가 변하여 형체가 생겼고, 형체가 변하여 생명이 생겼다가, 이제 다시 변하여 죽음으로 간 것인즉, 춘하추동 사계절의 운행과 같은 이치가 아니겠는가? 그 사람은 지금 우주의 대저택에서 편히 잠들어 있거늘 나는 소리쳐 슬피 곡했으니, 스스로 자연법칙에 무지함을 선언하는 것 같아 그만둔 것이네."-《장자》, 〈지락〉

　장자 역시 정신적인 질서를 중시하는 유심론唯心論을 배격하고 만물에 도가 있고, 그 자체로 존재 의미가 있다는 주장을 펼칩니다. "음악은 우울증에는 선이 되고 애도자에게는 악이 되며 죽은 사람에게는 선도 악도 아니다."《에티카》라는 스피노자의 말이야말로 공자철학과 노장 철학을 분명하게 구분해 줍니다. 현실 속에서 끊임없이 답을 찾으려 했던 공자와 자연에서 행복을 찾으려 했던 노자와 장자는 오랜 시간 동안 비판을 주고 받았습니다. 처절한 살육과 전쟁이 끊이지 않던 전국시대에는 사상이 꽃피었지만, 유학을 국교로 선포한 한나라 이후부터 사상의 자유는 종말을 고합니다. 유학의 배타성은 날이 갈수록 심해지고 묵자와 노자와 장자는 이단으로 내몰리며 위축되고 말았습니다. 정치 상황에 따라서 학문의 생명이 결정되는 동양 특유의 학문 환경 때문이었습니다.

전쟁을 끝내기 위해 공자의 가르침을 혁파한 한비자

"정령으로 이끌고 형벌로 다스린다면 백성들은 빠져나가면서도 부끄러움이 없다. 덕으로 이끌고 예로 다스리면 부끄러움을 갖고 규범을 따른다." - 《논어》, 〈위정〉

"무릇 엄한 집안에 사나운 종이 없고, 자애로운 어머니 밑에서 패륜아가 생긴다. 이로써 나는 위세威勢라야 흉포를 금할 수 있지, 덕후德厚 따위로는 혼란을 막을 수 없다고 본다. 무릇 성인은 국가를 통치할 때, 남이 내게 선행할 것에 의지하지 않고, 남이 내게 감히 나쁜 짓을 못하게끔 하는 쪽을 채택한다. 남이 내게 선행할 것에 의지하면 나라 안에 열댓 명도 채 못 되겠지만, 남이 감히 나쁜 짓을 못하게끔 하는 쪽을 택하면 수월하게 한 나라를 개혁할 수 있다. 나라 통치자는 다수에게 통하는 방식을 택하고 소수에게 통하는 방식은 버린다. 따라서 덕德에 힘쓰지 않고 법法에 힘쓴다." - 《한비자》, 〈현학〉

공자는 덕을 말하고 한비자韓非子는 법을 말하니 정반대의 철학을 추구하고 있습니다. 공자 이후의 시대가 이만큼 변화했습니다. 법가는 유가의 한 일파에서 독립해 유가와 치열하게 맞설 정도로 성장했습니다. 법가는 노자의 학문에 깊이 영향을 받은 사상가들이 현실 정치와 시대 변화의 요구를 경청해서 만들어 낸 이론을 주장하는 일파입니다. 신불해申不害는 군주가 신하를 제어하는 정치 수

완인 '술術'을 중시하는 사상가였고, 상앙(商鞅)은 신하와 백성들이 준수해야 할 강력한 '법法'을 강조했습니다. 춘추시대의 첫 번째 패자霸者인 제환공齊桓公을 보좌한 관자管子와 전국시대 사상가 신도愼到는 군주의 절대적 카리스마인 '세勢'를 강조했습니다. 한비자는 이 세 가지를 집대성해 법가를 종합한 사상가입니다. 유가가 옛날에 방점을 찍었다면, 법가는 변화에 방점을 찍었죠. 공자의 후계자 중 한 명인 순자는 변화에 주목했지만 그의 제자인 한비자는 유가라는 껍질을 깨고 나올 수밖에 없다고 판단했습니다. 세상을 다스리는 방법이 한 가지일 수는 없죠. 때로는 옛것이 필요하지만 상황에 따라서는 버려야 합니다. 옛 성인의 정신은 믿고 따라야 할 대상이 아니라 현실 문제를 해결하는 수많은 선택지 중에서 하나일 뿐이죠. 정치와 사회 제도를 시대 변화에 따라 손질하려는 욕구는 대세 흐름이었고 도가에서도 언급했지만 법가는 집요하게 추구했습니다.

당시 지식인들의 과제는 전쟁을 끝내는 것입니다. 한비자는 한나라의 왕족 출신으로 강대국 사이에 끼어 있는 조국을 위해서 한왕韓王 안安에게 해법을 정리해서 제시하지만 받아들여지지 않았습니다. 한비자와 법가의 주장은 옛것을 혁파하는 것인데, 옛것에 기대어 반사 이익을 보는 기득권들이 이를 달가워할 리 없죠. 진秦나라는 중국 서쪽 끝에 있는 강대국이었습니다. 중원中原, 즉 중국 토박이의 입장에서 보면 '오랑캐'였던 진나라가 전국시대의 승자가 될 수 있었던 건 우연이 아닙니다. 중국 기득권의 영향력이 약했기에 한비자의 개혁안을 철저히 시행할 수 있었고 저항도 심하지 않았죠. 진시황秦始皇 정政이라는 강력한 카리스마를 갖춘 군왕이 자신에게 맞는 '법', '술', '세'라는 날개를 달고 전체주의 정책을 강력하게 밀어붙였기에 효율성을 극단적으로 끌어올릴 수 있었습니다. 중원에 자리 잡고 있었던 나라들과 다른 경쟁국들은 기득권의 저항에 부딪혀 철저한 개혁을 하는 데 한계가 있을 수밖에 없었습니다.

'세'는 대중을 제압하는 위세로서 군주에게는 밑천과도 같고 한비자 표현으로 하면 '왕의 근력'과도 같습니다. 위세가 있어야 '법'이 준엄해져서 아무도 거역하지 못하죠. '술'은 군주가 신하의 의중을 정확히 파악해서 간사한 계략을 꾸미지 못하게 하는 방어술입니다. 공자의 노나라에서 세 명의 대부가 임금을 농락한 것도, 한낱 가신에 불과한 양호가 세 명의 대부와 임금, 그리고 노나라 전체를 농락한 것도 간신을 방어할 수 없었기 때문입니다.《한비자》〈팔간〉에는 국가를 붕괴시키는 여덟 가지 간신의 유형을 소개하고 있습니다. 주변 강대국을 이용해 임금을 공포에 떨게 하고 필요하다면 내란을 일으켜 이익을 독식하는 '사방四方'이 가장 무섭습니다. 동학 농민 운동이 폭발할 정도로 부정부패와 가혹한 세금으로 유명했던 구한말 정치인들이 우리 역사의 대표적인 '사방'으로 볼 수 있습니다. 참다못해 들고 일어선 백성을 잡겠다고 일본과 청나라를 끌어들이고 청일 전쟁을 초래했으니 역사에 지은 죄가 작다고 할 수 없습니다. 한비자는 강대국 임금의 요구 사항을 도리에 맞게 받아들임으로써 신하가 경쟁국과 은밀히 결탁하는 것을 막으라고 조언했습니다.

공자는 '성문법成文法'을 반대했습니다. 공자 시대에도 법전法典을 만든 나라가 있었습니다. 공자가 존경했던 정鄭나라 대부 자산子産은 형법 조문을 새긴 '형서刑書'를 제작했고, 진晉나라 역시 형법 조문을 솥에 새긴 '형정刑鼎'을 제작했습니다. 공자는 "진晉나라는 아마 망할 것이다"라고 맹비난했죠. 공자는 법률이 아니라 군자에 의해서 다스려지는 나라를 바랐기 때문입니다. 법률을 제작하면 백성들이 군자의 덕망을 존경해 본받으려고 하지 않고 법조문에만 의존하게 되기 때문이라는 겁니다. "법률은 바위에 새기는 것이 아니라 젊은이의 가슴에 새겨야 한다"고 말한 스파르타의 위대한 입법가 뤼쿠르고스의 주장도 이와 같고 실제 영국은 성문법 대신 판례(경험)가 구속력을 가진다는 점을 비추어 보면 이 논쟁은 팽팽합니다. 한비자는 국가가 일정한 규모를 갖추면 군자의 덕망이라는 임의적인 방식보다는 체계적인 법률 시스템이 필요하다고 역설했습니다.

캠퍼스와 곱자를 팽개쳐 놓고 눈대중으로 헤아리면 해중(奚仲, 우 임금 때 수레의 명공)과 같은 장인도 바퀴 하나를 완성하지 못할 것이다. 각종 자를 팽개쳐 놓고 길이를 가늠하면 왕이王爾와 같은 장인도 반도 적중하지 못할 것이다.

공자, 사람답게 사는 인의 세상을 열다

그러나 평범한 군주라도 법과 술을 준봉하고 서툰 장인이라도 컴퍼스와 곱자와 자를 사용한다면 만에 하나의 실수도 없을 것이다. 따라서 군주가, 슬기롭고 공교로운 사람도 불가능한 방법은 물리치고, 평범하고 서툰 사람도 만에 하나의 실수가 없는 방법을 견지한다면, 인민의 모든 잠재력을 이용할 수 있고 따라서 공을 세우고 이름을 날릴 수 있을 것이다. –《한비자》, 〈용인(用人)〉

법치국가法治國家. 군주도 신하도 백성도 따라야 하는 강력한 법령이 지배하는 나라에서는 지도자와 대신들의 인격과 덕망에 의존하지 않아도 되죠. 법에 따라서 상을 받고 처벌을 받기 때문에 사형을 당해 죽더라도 불만이 있을 수 없고, 두둑한 상을 받아도 당연하게 받아들일 수 있습니다. 당시에는 국가의 통일 못지않게 사상의 통일도 주된 과제였습니다. 사공이 많으면 배가 산으로 간다는 속담처럼 당시 유행하는 많은 사상은 국가 운영에 혼란이 된다는 게 한비자와 법가의 판단이었습니다. 한비자는 법률과 다른 주장을 하는 경우 일단 접수하고 실적에 책임을 부과하는 방식으로 변설을 제어할 수 있다고 주장했습니다. 만약 주장이 실적에 미치지 못하면 중벌을 받게 되기에 어리석은 자는 감히 주장을 할 수 없고, 영리한 자역시 감히 정치적 쟁점을 만들지 않는다는 것이죠. 한비자는 여기서 더 나아가 분서갱유焚書坑儒를 암시하는 사상을 설파했습니다. "명철한 군주의 나라는 죽간에 새긴 글월을 없애고 법을 바탕으로 교화를 실시하며, 선왕先王의 유훈을 없애고 관리를 스승으로 삼는다"《한비자》, 〈오두〉라는 주장은 동문수학했던 실권자 이사李斯의 건의로 현실화되었습니다. 국민을 어리석게 만들어 정치 참여의 기회를 제한했던 한비자의 중우정치衆愚政治는 현대 민주주의에 비춰보면 다소 낡아 보인다는 한계가 있습니다.

개혁과 혁명을 한다는 것은 예나 지금이나 위험한 일입니다. 한비자의 전체주의적 국가 개혁은 매우 위험한 전략이었고, 본인 스스로도 독살毒殺을 당했죠. 그의 스승인 순자도 정통 유학에서는 이단으로 매도당했죠. 한비자는 법가의 집대성자이지만 통일 진나라의 갑작스런 멸망과 함께 온갖 비난을 뒤집어썼고 당시에도 신변의 위협을 당했습니다. 한비자의 지인인 당계공堂谿公이 걱정하며 그만두길 권했습니다. 대표적인 개혁가인 오기吳起는 사지가 찢겼고, 법가의 선배인 상앙은 수레에 묶여 몸이 찢기는 거열형을 당했으니까요. 한비자가 이에 답한 글을 보면 왜 그런 힘든 길을 선택했는지 진심을 느낄 수 있습니다. 한비자는 당시의 시대적 요구를 철저히 반영해 역사의 흐름을 바꾼 인물로 평가해야 합니다.

"선생(당계공)의 충고를 거절하고 감히 제 선택을 따르는 까닭은, 법술을 수립하고 제도를 설정하는 것이 백성의 이익과 서민의 안녕을 도모하는 도道이기 때문입니다. 따라서 군주를 혼란시킨다는 누명의 화를 꺼리지 않고, 항상 백성의 이익을 평등하게 다스릴 생각을 하는 것은 어질고 지혜로운 행위입니다. 군주를 혼란시킨다는 누명의 화를 꺼려 사망의 해악을 피해가는 것은 자신을 돌볼 줄만 알았지 백성의 이익은 외면한 것인즉 이기적이고 야비한 행실입니다. 저는 차마 이기적이고 야비한 행실을 따를 수 없고, 감히 어질고 지혜로운 행위를 손상할 수도 없습니다."-《한비자》, 〈문전(問田)〉

4

도가 행해지지 않으니
뗏목을 타고 바다를 건너야겠다

"배울 때는 미치지 못할 것처럼, 잃어버릴까 봐 두려워하듯이 한다." - 《논어》, 〈태백〉

공자의 철학은 미완성이기에 인간적이었고, 사회 속에서 숨쉬는 삶의 태도에 집중했기에 실질적이었으며, 권력에 주눅들지 않고 쉼 없이 비판했기에 순수했습니다. 그는 스스로 부족함을 느꼈고 자신이 중요한 일을 하고 있다는 자신감은 가지고 있었지만 위대하다고는 생각하지 않았습니다. 하나의 관념에 매달리기보다는 실제 생활 문제와 싸웠지만 이상은 항상 가슴 속에 있었습니다. 그의 학문 자세는 완벽할 수가 없었고, 스스로도 완전해지려고 애쓰지 않

공자, 사람답게 사는 인의 세상을 열다

있습니다.

공자의 후예들은 공자의 어떤 부분은 계승했지만 어떤 부분은 배신했습니다. 그 결과 공자의 가르침과 크게 달라지기도 했습니다. 중국 문화를 배우러 왔던 프랑스 선교사 등 서양인들이 진나라 이전의 공자 철학에 집중하려 한 것은 공자 이후의 철학이 후퇴했다는 것을 증명합니다. 공자의 시대로부터 한나라 통일 이전까지는 자학子學의 시대로 불립니다.《논어》역시 처음부터 '경서經書'였던 것이 아니라 '자서子書'였습니다. 다른 철학자의 책과 동등하게 보았던 책이었죠. 제자백가가 자유롭게 경쟁하던 사상과 언론의 자유가 있었죠. 한나라 통일 이후에는 유학이 사실상 국교로 선포되면서 폐쇄적인 경학經學의 시대로 접어듭니다. 경학이란 유학의 경전을 연구하는 학문을 말합니다. 한나라 때부터 시작되었습니다. 한나라 초기 유학자 동중서董仲舒는 유학을 지도 이념으로 격상시켰을 뿐 아니라 인재 선발의 기준으로 삼게 하는 데도 앞장섰습니다. 진나라 시절 재상 이사가 법가 이외의 학문을 금지하려 했던 것처럼, 한나라 시절에는 동중서가 같은 역할을 한 셈입니다. 서양의 경우도 로마 제국의 콘스탄티누스 황제는 313년에 기독교를 공인한 이후 기독교가 절대 권력을 갖게 된 것처럼 유교 역시 절대 권력을 갖습니다.

이번 장에서는 공자의 유학을 계승시킨 중국의 성리학이 어떤 성격을 가지고 있었으며, 삼국시대와 고려시대, 조선시대에 전해진 유학과 성리학이 어떻게 발전을 이루었는지 살펴보겠습니다.

약소국의 설움을 딛고 강한 철학을 탄생시킨 주자의 성리학

"이단을 공격하는 것은 해로울 뿐이다." - 《논어》, 〈위정〉

"누가 문을 통하지 않고 나갈 수 있을까? 왜 이 길을 통해 나가지 않은 걸까?" - 《논어》, 〈옹야〉

송나라 주희朱熹가 집대성한 주자학朱子學은 공자의 유학에 비해서 훨씬 체계화되고 이념화되었습니다. 세상을 구한다는 자부심과 사명감, 그리고 진리를 자처하는 절대성과 순결성을 강조하다 보니 배타적인 철학이 되었습니다. 그리고 인간의 따뜻한 숨결을 잃었고 급변하는 시대 상황에서 적극적으로 대처하는 능력을 잃어버리게 되었죠. 주자학의 이런 경향은 조선시대에 와서 더욱 심해졌습니다. 공자의 유학이 송나라와 조선에 이르러 왜 이렇게 변화하였는지는 시대 상황을 살펴봐야 합니다.

한나라 멸망 이후 위진남북조와 수나라, 당나라를 거치며 유학은 침체하고 불교와 도교가 번성합니다. 당이 멸망하고 송나라가 등장하기까지 50여 년간, 그리고 송나라 이후에도 북방 민족에 시달려야 했습니다. 송나라는 원래 개봉(開封, 카이펑) 지역에 도읍했으나 북방 이민족인 금나라에 의해 쫓겨나 남쪽 임안(臨安, 항저우)으로 밀려가면서 자존심에 크나큰 상처를 받았습니다. 중국적인 것이 파괴될지 모른다는 위기의식이 당시 학자들을 짓눌렀습니다.

공자, 사람답게 사는 인의 세상을 열다

주희가 주자학을 정리하는 데 혼신을 기울인 것은 일연스님이《삼국유사》를 집필한 것에 비견할 수 있습니다. 무인 정권의 혼란, 몽고의 침입, 강제로 끌려가야 했던 여몽 연합군의 일본 원정 등 약소국의 비애와 자존심의 상처를 이겨 내기 위해 집필된 책이《삼국유사》인 것처럼 주자학은 한족으로서의 자존심 회복이 첫 번째 집필 의도였습니다. 그리고 당시에는 비주류에 불과했던 유학을 일신시키기 위해서 춘추전국시대 유학의 기본 골격에 불교와 도교의 여러 특징들을 복합하여 논리적 체계를 갖추었습니다. 그래서 주자학을 공자의 유학과 대비해서 신유학新儒學이라고도 부릅니다. 다만 도교와 불교의 이론을 수용했으면서도 허무적멸虛無寂滅이라고 비난하고 배척한 것은 정직하지 못한 학문 태도입니다.

주희는 보편적인 질서에 주목했습니다. 음양오행설陰陽五行說을 받아들인 주희는 고대 중국인들이 우주의 근원이라고 본 태극太極을 리理로 규정합니다. 이 리를 인간과 자연의 보편적 근거로 삼죠. 이것이 바로 주희의 스승인 정이程頤가 선언한 "성품이 곧 이치다"라는 성즉리性卽理의 의미입니다. 태극은 만물을 존재하게 하는 원리이며 형이상形而上이라고 부릅니다. 그렇다면 현실 세계의 모든 운동과 현상은 어떻게 설명할 수 있을까요? 형태를 갖추었다고 해서 기氣라고 부르며 형이하形而下라고 합니다. 우리가 이 책을 읽을 수 있는 것은 눈이라는 기가 작용하지만 그 안에는 사람의 신체가 작동하는 원리인 리가 담겨 있는 것입니다. 주희는 리와 기가 서로 떼어지지 않는다고 말했습니다. 이를 '리기론理氣論'이라고 합니다.

주자학의 세계는 '이치'[리(理)]와 '기질'[기(氣)]이라는 두 요소로 구성되며 인간의 마음도 같은 이치입니다. 마음의 기질은 도덕적인 것과 부도덕한 것들이 섞여 있습니다. 주희는 현실적인 마음에서 이치가 담긴 성품을 회복해야 한다고 주장합니다. "인욕[기(氣)]을 버리고 천리[리(理)]를 보존한다"는 수양론은 육체적인 것을 부정적이며 극복의 대상으로 보고, 정신적인 것을 추구의 대상으로 보았던 서양의 고대 철학과 같습니다. 서양 철학 역시 근대 철학자들에 의해서 육체가 부정적인 것만은 아니라는 사실을 발견할 때까지 '정신이 육체를 극복해야 한다'는 이분법의 질서에 지배되어 있었습니다.

사서(四書, 논어, 대학, 중용, 맹자)를 확립하여 새로운 경학을 완성했다는 것도 주희의 주목할 만한 업적입니다. 사서오경에 대한 주희와 그 후예들의 주석서는 원나라 왕조에 이르러서는 관리 등용 시험에 필수적인 교과서가 되기도 했죠. 명나라 때에는 《영락대전》, 《성리대전》으로 편찬됨으로써 주자학은 관학官學으로서 확고한 지위를 갖게 되었습니다.

우리는 조선이 일본에 넘어갈 때 성리학자들의 무기력함을 잘 알고 있습니다. 리에 집중하는 철학의 맹점은 시시각각 변화하는 기의 흐름을 놓친다는 점입니다. 명대 양명학을 창시한 왕수인은 주희의 학문이 추상적 이치에 치우쳐 인간이 지니고 있는 생기를 상실했고, 지식을 중시한 나머지 진실한 수양과 노력을 등한시했다고 비판했습니다. 이것은 조선 후기 실학자들이 성리학자들에게 했던 비판과 같았습니다. 하지만 이런 비판에도 불구하고 주자가 도교와 불교의 논리와 철학을 수용해 유학의 체계를 강화하고 격렬한 논쟁을 통해서 스스로의 학설을 확정해 간 부분은 본받을 만합니다.

드라마 같은 정치 변화를 이끌어낸 성리학

"한국은 뛰어난 운동선수나 가수라 해도 경기나 노래 실력만으로는 평가받지 못하고, 자신이 얼마나 도덕적인가를 국민에게 납득시킨 후에야 비로소 스타가 될 수 있는 사회다."

– 오구라 기조, 《한국은 하나의 철학이다》

"소인이 평소에 못된 짓을 거리낌 없이 하다가 군자를 만나고 나면 짐짓 착한 척하며 자신이 저질렀던 민망한 짓들을 몰래 감춘다."

–《중용》, 6장

우리나라가 도덕적인 나라라고 생각하시나요? 고개가 갸우뚱해지죠? 도덕적인지는 몰라도 다른 사람 앞에서 도덕적으로 보이려고 노력하는 것임은 분명합니다. 마치 도덕을 경쟁하는 것처럼 도덕적

우위에 서려고 노력하죠.

한국에서 오랫동안 동양 철학을 연구해《한국은 하나의 철학이다》를 쓴 오구라 기조 교수는 한국을 가리켜 "사회 전체가 주자학"이며 "한국인의 일거투 일투족이 주자학"이라고 주장했습니다. 버스를 타면 어르신께 자리를 양보하고, 꼭 필요한 질문을 해도 '말대꾸'라며 어른에게 혼난 적 있는 청소년이라면 우리 주변에 공기처럼 가득한 도덕성에 대한 욕구를 느낄 수 있습니다. 그만큼 '위선'이 일어나는 경우도 많죠. 한국은 어떻게 해서 성리학의 나라가 되었을까요?

유학이 우리나라에 처음 전파된 것은 삼국시대였습니다. 한사군漢四郡 설치 이후 경학 중심의 유학이 들어왔죠. 특히 신라가 유학을 받아들인 방식이 독특합니다. 신라는 한반도 남쪽 지역으로 문명화가 가장 늦어 고구려, 백제 같은 중앙 집권화가 가장 늦었고 고급 종교인 불교 보급도 가장 늦었습니다. 토속 신앙과 토속 정신문화가 강했던 곳입니다. 신라는 토속 정신에 유학의 도덕 실천 정신과 불교, 그리고 도교를 접목시켜 '화랑도'라는 독특한 철학을 만듭니다. 이를 바탕으로 삼국을 통일하고 당나라를 이겨낼 수 있었습니다.

이는 '패치워크(patchwork) 문명론'의 좋은 사례입니다. 패치워크 문명론(또는 '짜깁기 이론')이란《공자와 세계》(전 5권)을 펴낸 동서양 철학 교류사의 석학 황태연 교수가 창안한 개념입니다. "헝겊 조각들을 재봉틀로 박아서 서로 붙이는 작업이 짜깁기이고, 영어로는 패치워크"라고 합니다. 황태연 교수에 따르면 모든 문명은 처음에는

공자, 사람답게 사는 인의 세상을 열다

다른 문명의 장점을 수입하는 단계를 거치고 그 다음에는 모방품을 만드는 단계로 진입합니다. 모방품 만드는 과정을 반복하면 청출어람青出於藍이라는 고사성어처럼 원본을 능가하는 수준에 도달할 때가 있습니다. 짜깁기 이론과 융합 이론의 차이점은 자기 색깔이 남아 있느냐 없느냐 하는 부분입니다. 융합은 화학 변화로 인해 자기를 잃어버리는 반면, 패치워크는 자기 헝겊 조각과 그 색깔이 남아 있습니다. 주자학 역시 패치워크 문명론의 좋은 사례입니다. 자기를 잃어버리지 않는다는 건 무엇보다 중요합니다. 《세계의 역사》를 서술한 역사가 윌리엄 맥닐 역시 유럽과 일본이 현재 높은 문명 수준을 성취한 원인을 패치워크로 보고 있습니다.

유럽인과 일본인은 자기가 좋다고 생각하는 것은 이웃으로부터 무엇이든 차용했고, 그러면서도 우월감과 문화적 개성을 잃지 않았다. 그 결과 유례를 찾기 힘든 유연성과 성장 능력을 갖추게 된 중세의 유럽과 일본은 1500년 무렵에는 거의 모든 면에서 세계 어느 문명과 비교해도 손색이 없는 문화 수준과 문명 양식에 도달했다.
– 윌리엄 맥닐, 《세계의 역사1》

주자학이 본격적으로 우리나라에 수입된 것은 고려 말이었습니다 고려 충렬왕 때 안향安珦이 원나라에서 들여온 것으로 기록돼 있죠. 주자학은 송나라에서 일어났지만 원나라로 왕조가 바뀌고 나서 크게 확산되었으며 다음 왕조인 명나라 왕조에서는 관학으로서의 지위를 완전히 굳혔기에 고려에 수입되는 것은 시간문제였습니다. 고려 말의 상황은 주희가 성리학을 만들던 남송 시기와 비슷합니다. 외세의 침입은 잦아들었지만 권문세족과 문벌 귀족 등 기득권 세력이 이익을 독점했고 불교의 타락도 극심해져 민심이 땅에 떨어졌기에 변화가 필요했습니다. 성리학 공부를 열심히 한 신진 사대부新進士大夫들은 이성계 장군 같은 신흥 무인 세력과 힘을 합쳐 고려를 무너뜨리고 조선을 건국합니다. 이 과정에서 성리학은 건국의 정당성에 이론적 바탕을 만들어 주는 역할을 하죠. 하지만 이 과정에서 주자학자들이 의리파와 혁명파로 갈라집니다.

의리파는 고려를 무너뜨리고 조선을 건국하는 것은 의롭지 못하다는 주장을 펼친 학파입니다. 정몽주와 길재가 대표적인 학자죠. 정몽주는 조선 건국에 협조하기를 거부하다가 단심가를 남기고 이방원에게 살해당합니다. 하지만 의리파는 조선의 새로운 정권에 협조하지 않은 채 지방에서 학문에 매진하며 사림파士林派를 형성합니다. 혁명파는 무능하고 부도덕한 임금은 교체할 수 있다는 주장으로 혁명론을 펼치며 조선 건국에 앞장선 주자학자들을 말합니다. 정도전이 대표적이죠.

"왕에게 큰 잘못이 있다면 온 힘을 다해 만류하고, 여러 번 거듭해도 받아들여지지 않으면 왕을 바꿉니다." - 《맹자》, 〈만장 하〉

공자, 사람답게 사는 인의 세상을 열다

맹자는 혁명의 주체가 '왕족'이어야 한다는 단서를 달았고, 주희는 "왕이 주왕紂王처럼 폭군이어야 하고 혁명 세력이 이윤伊尹 같은 성인聖人이어야 한다"는 단서를 또 달지만 혁명에 대한 정당성을 부여해 준 것은 사실입니다. 이 이론이 고려와 조선의 정치를 바꿨죠. 혁명파와 의리파의 대립은 조선 건국 과정에서 격화되었고 혁명파의 승리로 끝나지만 조선시대에 이들의 후예들이 다시 격돌합니다. 사림파는 성종 임금의 시기에 대거 조정에 진출합니다. 주자학적 순수성을 강하게 지닌 사림파는 정몽주의 의리 정신을 이어받아 '도학道學 정치'를 추구합니다. 철학자 왕을 뜻하는 플라톤의 '철인왕'을 대신大臣에 적용했다고 할 수 있습니다. 사림파는 혁명파의 후예인 훈구파와 목숨을 건 치열한 정치 투쟁을 벌입니다. 수차례의 사화士禍로 많은 선비들이 목숨을 잃지만 서경덕과 이언적을 거쳐 이황과 이이에 이르러 특유의 성리학으로 뿌리를 내렸습니다.

성리학은 조선에서 유교가 불교를 대체하는 데 결정적인 역할을 합니다. 삼국시대 유교와 비슷한 시기에 인도에서 중국을 거쳐 수입된 불교는 삼국시대와 남북국시대, 그리고 고려시대까지 지배했던 종교이자 사상이었습니다. 특히 왕실과 귀족들의 후원을 받으면서 건재함을 과시했죠. 고려를 건국한 태조 왕건의 '훈요십조訓要十條'는 불교·유교·도교·토속 신앙이 고르게 반영돼 있었지만 불교의 영향력이 컸습니다. 국가적인 축제인 팔관회八關會의 규모와 중요성은 고려 불교의 위세를 보여 주기 충분합니다.

고려 초기의 유학자 최승로崔承老가 6대 임금 성종에게 건의한 '시무28조'에서는 "불교는 몸을 닦는 근본이고, 유교는 나라를 다스리는 근본 원리이므로 불교 의식인 공덕과 유교 통치 행위인 정사를 균형 있게 할 것(20조)"이라고 주장했습니다. 신흥 학문인 성리학이 불교와 공존하려는 분위기를 볼 수 있습니다. 하지만 조선 건국과 함께 성리학자들은 일제히 불교를 비판하였습니다. 고려 말 불교는 권문세족과 함께 대지주가 되어 토지를 크게 늘렸고, 고리대금업으로 폭리를 취하는 등 국가의 지도 이념으로서 기능을 상실했기 때문입니다. 혁명파 성리학자 정도전은 사원寺院의 토지 소유과 사유 재산을 억제함으로써 경제를 안정시키고 왕실의 재정을 탄탄히 쌓는 한편, 건국 이념을 불교에서 성리학으로 바꾸기 위해 불교를 적극 비판하였습니다.

정도전은 주자학의 도 개념을 가지고 일상 세계의 질서와 윤리 체계를 강조하면서 초월적인 도를 추구하는 불교를 '임금도 모르고 아비도 모르는' 가르침이라고 비난하였습니다. 출가를 해야 하는 불교도는 일상의 인륜을 배신하는 도를 추구한다는 비판도 같은 맥락입니다.

정신의 불멸과 업보를 주장하는 불교의 윤회설 또한 같은 논리로 비판합니다. 정도전은 기가 모여 있는 것이 '삶'이며, 기가 흩어지는 것을 '죽음'이라고 설명하며 불교의 윤회설과 정신 불멸설은 불합리하다고 비판했습니다. 이미 생겨난 것이 지나가면 그만인데 다

공자, 사람답게 사는 인의 세상을 열다

시 생겨난다니 어불성설이라는 것입니다. 정도전의 불교 비판은 '유불儒佛 논쟁'이라고 불립니다. 이 논쟁을 통해서 조선의 성리학은 윤리의 실천 문제를 적극 펼침으로써 주자학을 발전시켰습니다. 정도전의 비판에도 불구하고 불교가 가지고 있는 초월적인 가치를 추구하는 특성은 사라지지 않았습니다. 현실 문제에 환멸감을 느끼는 사람들은 불교의 가치에 귀를 기울일 수밖에 없죠. 유불 논쟁을 통해서 조선 성리학은 현실적인 학문으로 인정받음으로써 국가 이념으로 등극할 수 있었습니다.

사단칠정(四端七情) 논쟁으로 본 선과 악의 문제

"불쌍한 사람을 불쌍히 여기는 마음은 인의 조각이고, 옳지 못한 행동을 부끄러워하고 착하지 못한 행동을 미워하는 마음은 의의 조각이고, 사양할 줄 아는 마음은 예의 조각이고, 옳고 그름을 따질 줄 아는 마음은 지의 조각이다. 사람이 이 네 가지 조각을 가지고 있는 것은 마치 사지가 달린 것처럼 자명하다." - 《맹자》, 〈공손추 상〉

"기쁨과 분노, 슬픔, 즐거움 등의 모든 감정이 발휘되지 않은 상태를 중中이라 하고, 균형 있게 표현된 감정을 화和라고 한다. 중이란 천하의 근본적인 에너지를 말하고, 화란 천하에 두루 미친 도를 말한다." - 《중용》, 1-4장사단四端은 맹자가 창안한 인의예지仁義禮智의 사덕四德을 사람의 마음에서 뽑아 올린 개념입니다. 칠정은 희로애락(喜怒哀樂, 기쁨, 분노, 슬픔, 즐거움)에 애오욕(愛惡慾, 사랑, 미움, 욕심)의 감정을 합해서 칠정이라고 하지만 동양의 독특한 셈법이 그렇듯 10이나 9, 7 등은 '완전수'를 뜻합니다. 칠정은 결국 사람의 모든 감정을 말하는 개념입니다. 이 두 개념을 합친 성리학 용어가 바로 '사단칠정四端七情'입니다.

인간의 심리와 본성에 대한 학문을 심성론心性論이라고 합니다. 맹자와 순자의 철학에서 보았듯 사람의 본성이 선한 것인지 악한 것인지, 선하면 얼마나 선한 것인지 악하면 어떻게 선하게 할 것인지는 철학의 최우선 주제가 될 수밖에 없습니다. 사람의 본성이 어떤지 알아야 어떻게 행동해야 할 것인지(윤리학), 어떻게 다스려야 할 것인지(정치학)가 결정되기 때문입니다.

요즘 전 세계적으로 관심을 끌고 있는 '기본 소득'을 가지고 이야기해 봅시다. 모든 사람들에게 매월 100만 원의 기본 소득을 지급하는 것에 대해서 어떻게 생각하세요? 어떤 사람은 그런 소득이 있다면 자기 계발에 투자하면서 좀 더 좋은 직업을 구할 수 있고, 가정이 불행에 떨어지지 않을 수 있고, 인재의 업무 능력이 높아지기 때문에 기업에도 도움이 된다고 주장합니다. 이 사람들은 사람의 본성이 선하다고 생각하고 신뢰하는 입장입니다.

하지만 기본 소득제를 실시하면 아무도 궂은 일을 하려 하지 않을 것이기 때문에 직원을 구하지 못한 중소기업들이 문을 닫고, 일하지 않아도 정부에서 돈을 주니 사람들이 게을러질 수 있고, 결국 인재의 업무 능력이 높아지는 게 아니라 떨어질 것이라고 주장하는 사람들도 있습니다. 이 사람들은 인간의 본성이 선하지 않다고 생각하는 입장입니다. 이렇게 사람의 본성을 어떻게 보느냐에 따라서 똑같은 제도에 대해서도 정반대로 보게 되죠.

사단칠정 논쟁은 1558년 58세의 성균관 대사성, 그러니까 국립대학 총장인 퇴계 이황(李滉, 1502~1570)과 32세의 성균관 유생인 기대승(奇大升, 1527~1572)이 8년 동안 편지로 벌인 논쟁을 말합니다. 이황이 서울의 제자 정유일을 통해서 호남에 있던 기대승에게 편지를 주고 받았기 때문에 두 사람의 논쟁은 학자들 사이에서 '지상연재紙上連載'가 되었던 셈이죠.

논쟁이 벌어진 것은 이황의 이웃에 살던 제자 정지운이 동생을 가르치기 위해 그린 그림 〈천명도天命圖〉에 적힌 글귀를 고친 일에 대해서 기대승이 이의를 제기하며 시작됩니다.

원래 글: "사단은 리理'에서' 발한 것이고 칠정은 기氣'에서' 발한 것이다."

고친 글: "사단은 리'가' 발한 것이고 칠정은 기'가' 발한 것이다."

얼핏 보면 '에서'를 '가'로 바꾼 것이니 조사 하나 고친 사소한 수정 같지만 고친 글과 원래 글에는 중대한 차이가 있습니다. '조사'란 세계관을 나타냅니다. '리에서'를 '리가'로 고치는 순간 '리'는 조연에서 주인공으로 위치가 바뀝니다. 그런데 주희는 "사단도 칠정도 모두 정情에서 나온다"(선한 마음도 전체 감정도 결국 같은 감정일 뿐)라고 했을 뿐 리와 기를 따로 분리하지 않았거든요. 기대승은 "리가 어떻게 발하죠?"라고 질문하며 이 점을 문제 삼은 것입니다. 사단이란 칠정에서 선한 마음의 조각만 골라서 뽑아낸 개념인데 사단과 칠정을 선과 악의 대응 관계처럼 만들어 버리면 주희의 철학을 부정하는 셈이니 용납할 수 없는 상황이 되는 것입니다. 주희는 "리 없는 기 없고, 기 없는 리 없다"고 했는데 이황은 '리 없는 기, 기 없는 리'를 주장했으니까요. 오늘날로 따지면 헌법에 위배되는 법률을 만든 셈이라고 할까요? 이황은 기대승의 반론을 받아들여 견해를 수정합니다.

> "리가 발하고 기가 따라 나오는 것(理發而氣隨之 리발이기수지),
> 기가 발하고 리가 올라타는 것(氣發而理乘之 기발이리승지)"

이렇게 고치면 '리 없는 기'와 '기 없는 리'의 문제를 피해 갈 수 있지만 '리가'와 '기가'로 표현하며 주인공으로 본 최초의 시각은 그대로 유지합니다. 이황은 왜 이렇게 무리수를 쓰면서 리와 기를 차별화하려고 했을까요? 바로 '악惡'의 문제를 경계하기 위해서입니다. 착한 마음의 조각을 잘 붙잡지 않으면 악한 마음이 착한 마음을 휘감아 버리기 때문에 경계를 해야 한다는 도덕 법칙을 강조하려 했던 것입니다. 마땅히 해야만 하는 법칙을 철학 이론으로 정립함으로써 착한 행동을 권하고 악한 행동을 경고하는 효과를 거둘 수 있습니다. 이런 시도는 이황이 보았던 조선의 사회적 혼란을 주자학 이론의 재해석을 통해서 극복해 보려는 노력으로 평가받고 있습니다. 사단칠정 논쟁을 통해 알 수 있듯 이황은 리를 강조하는 쪽으로 주자학을 전개한 학자였습니다.

철학 공부는 어렵습니다. 그런데 왜 하느냐? 어떻게 살아야 하는가를 알려주기 때문입니다. 다양한 철학의 분야 중에서 가장 으뜸으로 치는 것은 '어떻게 살아야 할 것인가'에 관한 철학인 '윤리학'과 '어떻게 더불어 행복하게 살 것인가'에 관한 철학인 '정치학'이라고 합니다. 공자 역시 사람으로서 마땅히 해야 할 일과 사회인으로서 해야 할 일을 가장 중요시했죠. 결국 이황은 공자가 가장 중요하게 생각한 주제에 대답하기 위해서 주희의 철학으로 위태로운 외줄타기를 했던 것입니다. 사단칠정 논쟁은 수입된 주자학을 연구한 조선의 학자들이 기존 주자학 이론으로 설명하기 어려운 점을 발견하고 이를 해결하기 위해서 노력한 흔적이 담겨 있습니다. 조선의 성리학은 공자와 주자의 사상을 더 발전시켰다는 평가를 받으며 중국과 일본 등 동아시아의 사상에 큰 영향을 미쳤습니다.

5
천하가 모두
내 형제

중세 유럽과 미국을 깨운 공자의 합리주의

"만일 나를 등용해 주는 자가 있다면 일 년이면 이미 괜찮을 것이 니, 삼 년이면 실적이 날 것이다." - 《논어》, 〈자로〉

공자가 등용되지 못한 것은 공자의 탓도 있겠지만 당시 정치인 들의 탓도 큽니다. 공자의 명망을 이용하려고만 했을 뿐 견제하고 공격하고 가로막았죠. 공자가 진정으로 두려웠기 때문입니다. 노나 라의 대부 장문중이 현인賢人 유하혜를 등용하지 않은 건 남 얘기 가 아니었다고 생각했기 때문에 공자가 비난한 것입니다. 덕망 있 고 능력 있는 자가 사람을 피하고 세상을 피하던 시대였으니까요.

공자, 사람답게 사는 인의 세상을 열다

하지만 우리도 잘 알다시피 공자의 이야기는 거기서 머무르지 않았습니다. 우리가 상상하지 못할 만큼 먼 곳으로 뻗쳐 나갔습니다. 르네상스로 합리적인 생각에 대한 열망이 끓어올랐던 유럽이 공자를 맞이합니다.

유럽의 동방 무역은 14세기부터 활발해집니다. 종이와 제지술, 목활자·금속 활자·활판 인쇄술, 화약과 총포, 항해용 나침반, 주판, 지폐와 조폐술, 도자기, 칠기 등이 상인, 선교사, 여행가, 외교 사절 등을 통해서 유럽에 전해졌죠. 새로운 물건과 기술을 토대로 유럽의 경제 활동이 왕성해져 르네상스 운동이 활발해집니다. 중국의 활판 인쇄술은 책의 유통량과 확산 속도를 크게 키웠고 많은 사람들이 저렴한 가격으로 책을 살 수 있게 되었습니다. 극소수의 성직자만 가지고 있던 지식의 독점이 깨진 것입니다. 주판의 보급은 회계 속도를 개선시켜 유럽의 상업 경제 수준을 높였습니다. 중국의 정신 문명은 이보다 뒤인 17~18세기에 발견됩니다. 미적분을 발견한 독일의 수학자 겸 철학자 라이프니츠는 얼굴을 붉히며 고백했습니다.

교양화된 생활의 규율 면에서, 온갖 훌륭한 도덕으로 철저히 교육된 우리를 능가하는 국민이 지구상에 존재한다고 그 누가 생각이나 했겠는가? (…) 우리가 산업적 기술에서 대등하고 이론적 학문에서는 우월하지만, 실천적인 분야인 윤리와 정치의 가르침에서는 분명 열등하다. 이것을 고백하는 것을 나는 부끄럽게 생각한다.

- 황태연, 《공자, 잠든 유럽을 깨우다》에서 재인용

프랑스의 계몽주의 철학자 볼테르 역시 공자에게 매료되었습니다. 그는 "지구상에서 가장 행복하고 가장 존경할 만한 시대는 바로 사람들이 공자의 도를 따르는 시대"였다고 말했습니다. 이 밖에도 영국, 미국, 스위스 등 유럽의 여러 나라들이 저마다 절박한 이유로 공자와 중국의 사상을 연구했습니다. 공자는 미국의 탄생과도 깊은 연관이 있습니다. 미국은 데이비드 흄과 존 로크, 애덤 스미스 등 스코틀랜드와 영국의 철학자들이 자유주의 사상을 담아내 탄생했습니다. 당시 민주주의는 그리스 같은 작은 공동체에서만 가능하다는 게 상식이었지만, 철학자 흄은 중국의 정치와 공자의 사상을 면밀히 분석했습니다. 그 결과 오히려 큰 나라일수록 민주주의가 적절하다는 당시로서는 매우 혁명적인 결론에 도달합니다. 영토가 매우 큰 미국에서 권력 분립의 민주주의를 구상했던 흄의 고민은 현실이 되었습니다. "큰 공화국과 작은 공화국 둘 다의 이점을 지닌" 거대한 연방 국가 미국의 탄생에는 이런 비밀이 숨어 있습니다.

유럽이 공자 사상을 연구한 절박한 사연

우리가 지금까지 쓰던 방법과 전혀 다른 방법을 찾게 될 때는 언제인가요? 예를 들어 공부 방법이나 운동 방법, 또는 독서 방법을 바꿀 때는 지금까지의 방법이 맘에 들지 않거나 위기감을 느끼거나 변화의 필요성을 느낄 때입니다. 17~18세기 유럽이 갑자기 중국의 사상이나 공자가 궁금해졌을 리는 없죠. 유럽의 여러 나라들은 당시 매우 골치 아픈 고민을 안고 있었습니다.

당시 유럽의 역사를 보면 '종교'가 매우 강성했습니다. 이탈리아의 철학자 조르다노 브루노(Giordano Bruno)가 이단죄로 화형을 당한 해는 1600년이었고, 과학자 갈릴레오 갈릴레이(Galileo Galilei)가 종교 재판에 회부된 것은 1633년의 일입니다. 네덜란드의 철학자 스피노자가 유대교를 비판하고 신을 모독했다는 구실로 가혹한 저주의 파문을 당한 해가 1660년경입니다. 그는 평생 살해 위협 속에서 살아야 했고, 생전에 그의 이름으로 된 책은 출간될 수도 없었습니다. 이처럼 '근대 유럽'은 그냥 찾아오지 않았습니다.

공자 철학을 가장 절실히 탐구한 나라는 프랑스였습니다. 공자를 유럽에 가장 적극적으로 알린 사람들은 프랑스 예수회, 즉 제수이트(Jesuit) 교였습니다. 그들은 공자 개인의 사상과 초기 유교 사상이 가지고 있었던 합리적이고 민주적인 특성에 주목했습니다. 당시 프랑스는 종교 개혁의 거센 파도 앞에서 갈등하고 있었습니다. 철학자 파스칼(Blaise Pascal)이 《팡세》 집필에 몰두하며 논쟁의 중심에서 싸웠던 신학 논쟁도 이 시기에 있었습니다. 신의 은총과 인간의 자유의지 사이에서 프랑스인들은 갈대처럼 흔들렸죠. 공자의 철학이 어떤 의미였는지는 프랑스 계몽주의 철학자 볼테르(Voltaire)가《철학사전》에 소개한 기록을 보면 알 수 있습니다.

> 공자는 어떤 새 종교도 가르치지 않았고, 어떤 종교적 기만도 쓰지 않았다. 그가 섬긴 황제에게 아부하지 않았고, 황제를 언급하지도 않았다. - 볼테르, 《철학사전》

당시 유럽 종교의 우상 숭배와 막대한 사람들의 목숨을 빼앗아 간 종교 전쟁에 환멸감을 느낀 볼테르는 중국의 철학에서 깊은 영감을 얻었습니다. 볼테르는 유럽도 타종파·타종교에 대한 탄압 정책을 중단하고 동아시아처럼 관용을 베풀 것을 촉구했습니다.

이번엔 영국으로 가 볼까요? 신사의 나라답게 영국은 명예혁명 이전인 17세기 중·후반부터 중국의 만민 평등 교육·과거제·관료제 등에 감탄했습니다. 당시 영국의 왕은 개인적 친분에 의존해 장관을 임명하는 등 행정부 인사를 단행했고, 이와 같은 방식이 부패를 조장한다는 비판이 끊이지 않았습니다. 하지만 중국은 정부 공직이 오로지 공인된 성적에 근거해야 한다는 사실을 접했으니 놀라지 않을 수 없었습니다. 찰스 1·2세의 절대주의와 크롬웰의 공화주의 독재에 질렸던 당시 영국인들은 1688년 명예혁명을 통해 영국 특유의 의원 내각제적 제한 군주정을 도입합니다. 중국은 황제가 절대적 권력을 가지고 있을 것 같지만 예치禮治, 덕치주의, 간언 · 상소 제도 등 여러 견제 장치를 가지고 있었습니다. "순임금과 우임금은 천하를 가졌으나 간섭하지는 않았다"《논어》, 〈태백〉에서 명시했던 소유와 간섭을 분리했던 원칙이 성실히 지켜졌던 중국 정치는 영국 철학자 토머스 홉스(Thomas Hobbes)가 권력을 분리할 수 없다고 주장한 절대 주권론을 간단히 깨뜨린 셈입니다. '왕은 군림하나 통치하지 않는다(The King reigns, but does not rule)'는 영국의 불문율은 논어 구절을 번역한 것이며 지금까지 실천되고 있다고 합니다.

영국 의회는 공자와 중국 정치 철학을 공부해 특유의 제한적 군주정이라는 정치 제도를 만들어 지금까지 시행하고 있습니다. 데이비드 흄과 애덤 스미스로 대표되는 스코틀랜드 출신의 계몽주의 경험론자들은 공자 철학과 중국 정치 모델을 공부해 '자유주의 정치 · 경제사상'을 창안했고 이를 현실로 구현한 것이 1776년의 '아메리카합중국'이었습니다. 프랑스의 계몽주의 철학자 볼테르는 공자의 인 사상과 동아시아의 종교 자유로부터 관용 개념을 발전시켜 위마니테(humanite, 인간애), 샤리테(charite, 자비)와 함께 톨레랑스(tolerance, 관용)를 확산시켰습니다.

컴벌랜드(영국 케임브리지 대학의 신학자)는 인애 개념을 도덕 철학의 중심 개념으로 설정한다. 홉스가 말하는 '만인에 대한 만인의 투쟁'이 아니라, 그에게는 '만인에 대한 만인의 진실한 인애(sincere benevolence of all towards all)'가 지구상에서 가장 가치 있는 재산이고 가장 큰 영광이자 안전장치였다. – 황태연/김종록, 《공자, 잠든 유럽을 깨우다》

세계의 여러 나라들은 저마다 자신들에게 필요한 민주주의 가치를 공자에게서 발견했습니다. 그렇다면 우리의 민주주의를 발전시키기 위한 힌트도 공자에게 발견할 수 있지 않을까요?

군자가 '젠틀맨'이 된 사연

'젠틀맨(gentleman)'이라는 낱말도 단어도 본래는 사회적 지위가 우월한 집안에 태어난 사람을 의미하였으나, 지금은 출생 신분을 불문하고 올바른 태도와 교양을 가진 사람을 지칭하는 것이 보통이다. 이 때문에 '군자'를 영어로 'gentleman'이라고 번역해도 무방한 것 같다. – H. G. 크릴, 《인간과 신화》(지식산업사)

17세기 영국 신사들은 한 가지 깊은 고민에 빠졌습니다. 인재 추천 시스템이 제대로 갖춰지지 않아서 정치가 어지러웠기 때문입니다. 왕은 장관들의 개인적인 천거에 의존해서 행정부 인사를 결정했습니다. 왕의 공직자 임명에 대해서 견제하거나 개선할 뾰족한 수가 보이지 않았습니다. 장관들은 부패했기 때문에 종종 무자격자들이 공직에 임명되면 정책은 사라지고 부패가 만연하는 모습에 염증을

공자, 사람답게 사는 인의 세상을 열다

느낀 영국 신사들은 공자의 사상에 귀를 쫑긋 세웠습니다.

영국의 신사 계급을 뜻하는 젠트리(gentry)는 여러 면에서 '군자'와 유사했습니다. 영국과 중국의 중심 산업은 농업이었고, 중국의 군자가 공직에 진출하듯 영국의 젠트리는 의회나 지방 정부인 주의 행정에 참여했습니다. 둘 다 고전적이고 자유로우며 세속적인 교육을 받았죠. 둘 다 국민들을 다스리기 위해서 리더십 수업을 받아야 했고, 역사·문화·정치 등에 대해 폭넓은 지각을 개발해야 했습니다. 공자의 핵심적인 군자 교육 덕목인 '박문약례博文約禮' 중에서 문헌을 널리 연구하는 '박문'은 영국의 젠트리들도 아쉽지 않을 만큼 했지만, '약례'는 배울 점이 많지 않았을까요? '박문약례'를 모두 제대로 해야 사람들이 감동을 받을 만한 인품이 형성되니까요.

영국 젠트리들은 중국의 군자를 연구하면서 자신들에게 가장 시급한 과제는 '군자의 정치 기능'을 수입하는 것이었습니다. 군자의 정치 기능이란 왕과 황제 모두 정치가의 도덕적·합법적 권위에 의해서 견제되는 것입니다. 모든 중국인은 공자의 사상을 공통분모로 가지고 있기 때문에 임금이 빈틈을 보이면 '공자의 이름'으로 준엄히 꾸짖을 수 있었습니다. 조선의 경우도 왕이 대신들과 토론을 통해 학문을 닦는 엄격한 제도인 '경연經筵'을 통해서 군자의 정치 기능이 지켜졌다는 사실을 알 수 있습니다.

미국에는 '제퍼슨'이라는 군자가 있었습니다. 토머스 제퍼슨(Tomas Jefferson)은 미국의 제3대 대통령(재임 1801~1809)이자 〈독립선언서〉의 기초자이며 '미국 계몽주의의 상징'이라고 불린 사람입니다. "우정이란 두 육체에 깃든 하나의 영혼"이라는 아리스토텔레스의 말처럼 마치 하나의 영혼이 공자와 제퍼슨에 깃든 것처럼 두 사람은 공통점이 많았습니다.

두 사람은 모두 형이상학을 극도고 싫어하였고, 부자에 대항하는 가난한 사람들에게 관심을 가졌으며, 기본적인 인간의 평등을 주장하였고, 모든 인간(야만인까지 포함하여)이 본질적으로 고상하다는 것을 신뢰하였으며, 권위에 호소하지 않고 '모든 성실한 인간의 이성과 감정'에 호소하였다. '정치의 기술이란 성실의 기술에 불과하다'는 제퍼슨의 말은 《논어》〈안연〉 편 제17장과 놀라울 정도로 비슷하지만, 이 밖에도 이런 예는 더 지적할 수 있다.
– H. G. 크릴, 《공자, 인간과 신화》(지식산업사)

특히 제퍼슨은 중국의 과거 제도와 "교육이 있는 곳에 차별은 없다."《논어》, 〈위령공〉는 공자의 교육 사상을 강조했습니다. 공자가 군자를 양성했던 사례에서 가장 중요한 점은 당시의 신분 제도에서는 '무자격자'였던 농민이나 상인 등 평민들을 정치 지도자인 군자로 만든 사실입니다. 서양에서 인쇄술이 지식의 독점을 깨뜨렸듯, 공

공자, 사람답게 사는 인의 세상을 열다

자의 '국민 보통 교육'은 정치권력의 독점을 깨뜨렸습니다. 군자가 될 만한 덕성과 능력을 갖추었지만 단지 혈통이 뒤따라 주지 못했던 수많은 빛나는 인재들이 기회를 얻으며 중국 정치가 크게 발전할 수 있었고, 신분이 낮은 평민의 자식들도 뜻을 펼칠 수 있는 꿈을 가질 수 있게 된 것은 공자의 업적 중에서도 가장 앞에 놓을 수 있을 만큼 가치가 있습니다.

흥미롭게도 제퍼슨은 미국에서 공자의 업적을 다시 한 번 재현해냈습니다. 제퍼슨은 유능한 인재를 찾아내 세심하게 교육하고 공직을 부여하려는 목적을 위해서 1779년 〈지식의 일반보급증진 법안(A Bill for the More General Diffusion of Knowledge)〉을 버지니아주州 하원에 제출하였습니다. 정부는 현명하고 성실한 사람에 의해서 운영되어야만 하며, 이를 위해서 천부적인 재능과 덕성을 가진 사람들에게 교양 교육을 제공하는 법안입니다. 제퍼슨의 이 법안만큼 중국의 과거 제도와 공자의 군자 교육 정신을 잘 요약하긴 어려울 것입니다.

제퍼슨이 제출한 법안은 지방 학교에서 모든 아이들을 3년간 무료로 가르치며, 우수한 성적을 냈지만 가난 때문에 더 이상 교육을 받지 못하는 학생일지라도 공평한 심사를 통해 '공공 비용'으로 초급중학(Grammar School) 과정을 배울 수 있는 기회를 줍니다. 마지막으로 이들 중 소수의 학생을 대학으로 보내 3년간 그들이 선택하는 과목을 공부시키는 총 3단계의 교육 제도를 확립한다는 내용을 골

자로 하고 있습니다. 제퍼슨이 법안을 제출하며 덧붙인 설명은 공자
의 목소리로 착각할 정도입니다.

"빈민층에서 재능 있는 청년을 선발하는 규정을 넣은 것은 자연이
빈부를 가리지 않고 너그럽게 부여한 재능을 국가가 활용할 것을 기
대하기 때문인데, 그 재능은 찾아내어 교육하지 않으면 사용되지 못
한 채 죽어 버린다."
– H. G. 크릴,《공자, 인간과 신화》(지식산업사)에서 재인용

공자가 출신이 불우했던 애제자 중궁을 격려하며 했던 "얼룩소 새
끼가 색이 붉고 또 뿔이 좋으면, 비록 쓰지 않고자 하나 산천의 신이
그것을 버려두겠는가?"《논어》,〈옹야〉라는 말을 제퍼슨은 법안의 설명
을 통해 완벽히 재현하고 있습니다.

동양이 서양 제국주의의 침략에 기세가 꺾인 뒤부터, 우리나라가
일본에게 나라를 빼앗긴 뒤부터 '우리 것'에 대한 자신감을 잃었습
니다. 공자의 사상과 정신도 그때 함께 잃어버렸습니다. 오직 서양
의 것만 훌륭하다는 편견이 만들어졌지만 사실은 서양이 공자를 진
지하게 연구함으로써 역사의 중대한 시기를 돌파할 수 있었다는 건
엄연한 역사적 사실입니다.

공자, 사람답게 사는 인의 세상을 열다

서양이 공자를 연구한 태도에서 우리는 두 가지를 배울 수 있습니다. 공자의 사상으로 대표되는 우리의 것은 꽤 쓸모 있다는 점입니다. 《논어》에서 알 수 있는 공자의 사상은 서양도 반할 만큼 합리적이고 민주주의적인 성격이 짙었습니다. 더 오랜 시간 동안 공자의 사상을 존경하고 연구했으며 《논어》를 읽었던 우리들이 보지 못한 것을 서양인들은 어떻게 찾아낼 수 있었을까요? 이것이 서양인에게 배울 수 있는 두 번째 태도입니다. 편견 없이 진지하게 공자의 사상과 《논어》를 읽었고, 당시의 사회 문제와 정치 문제를 해결하고 싶은 간절한 마음으로 읽는 태도야말로 배워야 할 점입니다. '한가한 《논어》 읽기'는 이제 그만! 이 한마디가 이번 장, 아니 이 책의 이야기를 충분히 정리할 것입니다.

6
오직 여자와 소인은
기르기가 어렵다

공자도 한 시대를 살아간 인간일 뿐이었다

"오직 여자와 소인은 기르기가 어려우니, 친하게 대해주면 기어오르고 멀리하면 원망한다." - 《논어》, 〈양화〉

"하늘이 나에게 덕을 주셨는데, 환퇴桓魋가 나에게 어찌하겠는가?"
- 《논어》, 〈술이〉

왕손가가 물었다. "안방 신에게 아첨하기보다는 차라리 부엌 신에게 아첨하는 것이 낫다고 하니 무슨 말입니까?" 공자가 말했다. "그렇지 않다. 하늘에 죄를 얻으면 빌 곳이 없다." - 《논어》, 〈팔일〉

공자, 사람답게 사는 인의 세상을 열다

"공가점타도孔家店打倒!"라는 중국 문화혁명의 슬로건은 매우 논쟁적이고 뜻깊은 의미가 담겨 있습니다. 이 말은 "공자가 죽어야 나라가 산다"는 뜻이 아닙니다. 공자가 아니라 '공자의 유산'이 목표물입니다. '공자의 골동품 상점'이라는 뜻의 '공가점'은 공자의 뜻과는 멀어졌기 때문에 타도의 대상으로 전락한 것입니다. 이처럼 '공자 숭배 교육'은 공자와 우리를 멀어지게 만들었습니다. 공자가 신으로 숭배되면 될수록 우리가 공자로부터 배울 수 있는 것이 자꾸만 사라집니다.

〈공자춘추〉라는 38부작 중국 드라마는 공자와 《논어》를 이해하는 데 도움을 줍니다. 자공의 제자가 자공에게 "노나라 사관은 선생님의 출생을 야합이라 했는데 우리는 어떻게 기록하죠?"라고 질문하자 자공은 한치의 머뭇거림도 없이 "귀족들이 인정하지 않았으니 당연히 야합이라 하겠지. 니구산의 산신이 그 혼인의 증인이다."(드라마 〈공자춘추〉 1부)라고 대답합니다.

"여자와 소인은 기르기가 어렵다"는 《논어》의 구절은 후세의 학자들을 당황스럽게 만들었습니다. 이 밖에도 《논어》에는 학자들을 당황스럽게 했던 대화가 적지 않습니다. 이 생각은 당시의 상식이었습니다. 공자 역시 이러한 사고방식에서 자유롭지 못했고, 그리고 싶어 하지도 않았습니다.

공자는 귀족 정치를 깨뜨리는 데 공헌이 있지만, 엄연히 귀족 정치 문화에 젖어 있었습니다. 그 역시 이 문화에서 성장했으니까요. 여성이나 어린아이에 대한 감수성은 노자나 장자만 못하고, 노동자와 일반 백성에 대한 애정은 묵자만 못합니다. 《논어》에는 공자의 귀족적인 면이 숨김없이 그려져 있습니다.

"오직 지극히 지혜로운 사람과 지극히 어리석은 사람[백성]만큼은 바뀌지 않는다." -《논어》, 〈양화〉

"백성은 따르게 할 수는 있어도 알게 할 수는 없다."
-《논어》, 〈태백〉

공자는 결국 백성을 돕기 위한 학문과 교육, 정치를 했지만 백성들과 직접 만나지는 않았습니다. 어디까지나 백성의 신분에 가까운 제자를 가르쳤으며 그들은 신분은 백성일지라도 엘리트였습니다. 당시의 백성들은 생계를 잇기 위해서 노동하기 바빴기에 학문을 할 여력이 없었습니다. 공자는 학문을 할 만한 여력이 되는 제자들을 키웠다는 점에서 백성의 교육과도 거리가 멉니다. 백성에 대한 직접적인 교육 역시 어디까지나 통치의 효율성을 위한 것이었습니다. 제자 자유가 무성의 지방장관이 되어 백성들에게 거문고를 가르치자 짐짓 농담 삼아 "닭 잡는 데 어찌 소 잡는 칼을 쓰

공자, 사람답게 사는 인의 세상을 열다

는가?"《논어》, 〈양화〉라고 말한 것도 공자의 인식을 잘 보여 주는 장면입니다. 공자를 제대로 이해한다는 것은 '공자의 한계' 역시 이해한다는 뜻입니다. 결함이 없는 인간이 어디 있으며, 구멍이 없는 시대가 어디 있겠습니까? 공자 역시 결국은 한 시대를 살다 간 인간일 뿐이었습니다.

공자와 《논어》를 읽는 한 방법

저는 2000년도부터 지금까지 《논어》를 꾸준히 읽고 있습니다. 책을 읽지 못했을 정도로 바빴던 때를 제외하고는 공백 없이 꾸준히 읽었습니다. 앞으로 몇 년을 더 《논어》를 곁에 두고 읽을지 모르겠지만, 아직 공자와의 대화가 끝나지 않았고 '내 것'으로 만들지 못한 것들이 많이 남아 있습니다. 한 가지를 배우지 못했는데 선생님께 다시 가르침을 들을까 봐 두려워했던 자로의 마음이 제 마음입니다.

> 자로는 듣고 나서 실행하지 못하면 오직 또 들을까 두려워하였다.
> −《논어》, 〈공야장〉

《논어》를 읽을 때 가장 주의해야 할 점은 '처세술'이나 '자기계발서'의 용도로만 읽지 않는 것입니다. 좋은 구절을 기억해 뒀다가 꺼내서 자랑하거나 유식한 척하는 방법은 이미 제가 '한가한 《논어》

읽기'라고 말씀드린 적 있습니다. 공자는 자신의 말을 배신하지 않기 위해서 때로는 목숨을 걸어야 했습니다. 어떤 맥락에서 공자가 그런 말을 했는지 깊이 생각하면서 읽는다면 반드시 나의 고민과 만나게 됩니다.

《논어》를 읽을 때 주의해야 할 두 번째 점은 '주석'과 '판본'을 신중히 선택하라는 것입니다. 《논어》 같은 오래된 고전 작품은 어떤 해석본을 선택하느냐가 중요합니다. 결국 독자는 해석하는 사람에 의존할 수밖에 없기 때문입니다. 저는 '주자집주朱子集註'를 한동안 읽었습니다. '주자집주'는 앞서 소개해드린 송나라 주희라는 학자가 엮은 '사서四書'를 말합니다.

《논어》뿐 아니라 《맹자》, 《대학》, 《중용》이 세트로 묶여 있는 작품집이죠. 꽤 오랫동안 주자의 주석에 의지해서 《논어》를 읽었습니다. 하지만 그건 '주자'를 읽은 것이었지 '공자'를 읽은 게 아니었습니다. 이건 아니다 싶어 어느 날부터인가 '주자 주석'을 떼고 《논어》 원문만 읽었습니다. 처음에는 불편했지만 곧 적응이 되더군요. 공자의 말에 직접 귀를 기울이면서 생긴 놀라운 변화는 마치 공자가 옆에 있는 것처럼 생생한 목소리를 들을 수 있었다는 점입니다. 물론 저는 한학자 선생님께 몇 년간 한문 교육을 받았고 오랫동안 한문 읽기 훈련을 했기 때문에 수준이 같지는 않을 것입니다. 하지만 공자의 원래 뜻에 가깝게 해석하려는 학자들의 노력이 있기 때문에 한

공자, 사람답게 사는 인의 세상을 열다

문 해독 능력의 차이는 점점 줄어들 것입니다.

《논어》를 읽을 때 주의해야 할 세 번째 점은 '비판적인 읽기'를 도와주는 책들과 함께해야 한다는 것입니다. 예컨대 일본 에도시대의 유학자 오규 소라이가 쓴 《논어징 1~3》(소명출판)은 중국의 역대 《논어》 주석가들을 엄밀하게 분석했기에 날선 비판이 살아 있습니다. 그리고 청나라의 고증학자인 최술의 《수사고신록》, 《수사고신여록》을 보면 '공자 신화'를 지워 내는 데 큰 도움을 받을 수 있습니다. '수사'란 공자가 학당을 열어 제자들을 가르쳤던 '수수洙水와 사수泗水'의 앞글자를 딴 말이며, 《수사고신록》은 공자에 관한 고증을 다룬 책이며, 《수사고신여록》은 공자의 제자 등 주변 인물을 고증한 책입니다.

권위 있는 외국 전문가의 책을 읽는 것도 편견을 깨는 데 도움이 됩니다. H. G. 크릴의 《공자 - 인간과 신화》(지식산업사)는 공자와 《논어》의 사상을 소화해 낸 역량 있는 서양 연구자가 합리적인 시각으로 서술한 책입니다. 제목에 담고 있는 뜻처럼 인간적인 공자와 신화적인 공자를 구분하려고 애쓴 부분이 인상적입니다. 동서양 철학 교류사에 정통한 황태연 교수의 《공자, 잠든 유럽을 깨우다》(김영사)는 공자의 사상이 단지 동아시아에만 머무르지 않았다는 점을 치밀하게 논증하는 책입니다.

마지막으로 강조하고 싶은 점은 역시 '박문약례博文約禮'의 정신입니다. 한마디로 표현하면 《논어》를 읽은 구절을 가슴에 새기는 거죠. 《논어》를 읽지 않았다면 저는 몇 번의 뼈아픈 실패 이후에 다시 도전하지 않았을 것입니다. 〈미자〉 편에서 공자는 은둔자들에게서 맹비난을 당하죠. 공자는 왜 안 될지 알면서도 도전하는지 진정성 있게 호소했습니다. 개인의 성공과 실패, 그리고 선택의 모든 순간을 지켜보는 사람이 있다고 한다면 시간을 헛되이 보낼 수 있을까요?

왜 읽기 힘든 '인문 고전'을 읽어야 할까요? 인터넷 '공자'를 검색하면 웬만한 정보는 나와 있는데 왜 굳이 《논어》를 읽어야 할까요? 고귀하고 가치 있는 것은 얻어 내기 힘들기 때문입니다. 인터넷 검색으로 공자를 검색해서 얻은 지식은 사라지고 말지만, 힘들게 읽은 《논어》의 지혜는 사라지지 않습니다. 《논어》뿐만 아니라 세상의 모든 일이 마찬가지입니다.

공자, 사람답게 사는 인의 세상을 열다

생각이 자라는 질문

1. 인간 공자를 한마디로 표현해 보세요.

2. 공자 이후 학자들의 장단점을 평가해 봅시다.

3. 한 철학자의 진심이 담긴 생생한 목소리를 들으려면 어떻게 해야 할
   까요?

참고문헌

리링(김갑수 옮김), 《집 잃은 개1, 2》, 글항아리(2012)

오규 소라이(함협찬 외 옮김), 《논어징1, 2, 3》, 소명출판(2010)

미야자키 이치사다(박영철 옮김), 《논어》, 이산(2001)

전통문화연구회 편집부, 《수진본 구결 논어, 대학, 중용》, 전통문화연구회 (1999)

맹자(성백효 옮김), 《맹자집주》, 전통문화연구회(2010)

순자(이운구 옮김), 《순자1, 2》, 한길사(2006)

기세춘, 《묵자》, 바이북스(2009)

기세춘, 《노자강의》, 바이북스(2013)

장자(기세춘 엮음), 《묵점 기세춘 선생과 함께하는 장자》, 바이북스(2007)

한비자(이운구 옮김), 《한비자1, 2》, 한길사(2002)

사마천(김영수 옮김), 《완역 사기본기1, 2》, 알마(2010)

사마천(김영수 옮김), 《완역 사기세가1》, 알마(2014)

사마천(김원중 옮김), 《사기세가》, 민음사(2015)

사마천(김원중 옮김), 《사기열전1》, 민음사(2015)

좌구명(신동준 옮김), 《춘추좌전1, 2》, 한길사(2006)

최술(이재하 옮김), 《수사고신록》, 한길사(2009)

최술(이재하 옮김), 《수사고신여록》, 한길사(2009)

공자, 사람답게 사는 인의 세상을 열다

풍우란(박성규 옮김),《중국철학사 상, 하》, 까치(1999)

H. G. 크릴(이성규 옮김),《공자 - 인간과 신화》, 지식산업사(1997)

진대제(안종수 옮김),《공자의 학설》, 이론과실천(1996)

오구라 기조,《한국은 하나의 철학이다》, 모시는 사람들(2017)

바오펑산(이연도 옮김),《공자전》, 나무의철학(2013)

안핑 친(김기협 옮김),《공자평전》, 돌베개(2010)

리링(황종원 옮김),《논어, 세 번 찢다》, 글항아리(2011)

황태연, 김종록,《공자, 잠든 유럽을 깨우다》, 김영사(2015)

한국철학사상연구회,《강좌 한국철학》, 예문서원(1995)

B. 스피노자(강영계옮 김),《에티카》, 서광사(1990)

블레즈 파스칼(김형길 옮김),《팡세》, 서울대학교출판문화원(2015)

자사(성백효 옮김),《대학 중용 집주》, 전통문화연구회(2010)

윌리엄 맥닐(김우영 옮김),《계세의 역사1, 2》, 이산(2007)

플루타르코스(천병희 옮김),《플루타르코스 영웅》, 도서출판 숲(2010)

10대에 마주하는 인문 고전_05

공자, 사람답게 사는 인의 세상을 열다

초판 발행 2018년 10월 25일

지은이 오승주
펴낸곳 글라이더 **펴낸이** 박정화
등록 2012년 3월 28일 (제2012-000066호)
주소 경기도 고양시 덕양구 화중로 130번길 14(아성프라자 601호)
전화 070)4685-5799 **팩스** 0303)0949-5799 **전자우편** gliderbooks@hanmail.net
블로그 http://gliderbook.blog.me/
ISBN 979-11-86510-73-5 44150

책값은 뒤표지에 있습니다.
잘못된 책은 바꾸어 드립니다.

이 도서의 국립중앙도서관 출판예정도서목록(CIP)은 서지정보유통지원시스템
홈페이지(http://seoji.nl.go.kr)와 국가자료공동목록시스템(http://www.nl.go.kr/
kolisnet)에서 이용하실 수 있습니다.(CIP제어번호: CIP2018033428)